Pionieren in Flevoland 6500 jaar geleden

Redactie: W. Prummel, J.P. de Roever en A.F.L. van Holk

Barkhuis
Eelde 2016

Vormgeving omslag en binnenwerk:
Nynke Tiekstra, ColtsfootMedia, Rotterdam

Afbeelding op de voorzijde:
Het uitgraven van de kinderschedel in de vindplaats Swifterbant S4 (**afb. 2.6**)

Afbeeldingen op de achterzijde:
Twee gekloofde paaltjes van elzenhout, vindplaats Swifterbant S3 (**afb. 5.1**) en paleogeografische kaart van Swifterbant (rode ster) en omstreken omstreeks 3850 v. Chr. (**afb. 2.1**)

Deze publicatie werd mogelijk gemaakt door financiële steun van:

Provincie Flevoland

Prins Bernhard Cultuurfonds Flevoland

ISBN 9789492444097

Inhoud

Voorwoord

Er was tot nu toe nog geen boek voor het brede publiek over de Swifterbantcultuur (5000-3400 v. Chr.). En dat terwijl deze cultuur op de overgang van jagen-verzamelen naar de akkerbouw en veeteelt uiterst belangrijk is binnen de Nederlandse archeologie. Deze cultuur is met name in Flevoland sterk vertegenwoordigd, en draagt dan ook de naam van een plaats in de provincie Flevoland. Het boek is geschreven op een wetenschappelijk verantwoorde wijze, maar is toch zeer toegankelijk voor een breed publiek. Het kan tevens gezien worden als achtergrondinformatie bij de Swifterbanttentoonstelling OER! in het Nieuw Land Erfgoedcentrum te Lelystad.

De Swifterbantcultuur neemt een bijzondere positie in binnen de Nederlandse prehistorie, omdat de Swifterbantmensen niet alleen door middel van jagen en verzamelen, maar ook door het houden van vee en met akkerbouw in hun bestaan voorzagen. Het houden van vee was van het begin af duidelijk door de gevonden botresten. Maar het akkeren is inmiddels ook aangetoond. Op een van de vindplaatsen is een stuk grond met bewerkingssporen van een hak aangetroffen. Dit stuk grond kan zonder twijfel als akker geïnterpreteerd worden.

Archeologische sporen van deze cultuur zijn voor het eerst aangetroffen in Oostelijk Flevoland, in de buurt van het dorp Swifterbant waarnaar deze cultuur is vernoemd. In de ondergrond van Flevoland bevindt zich een onzichtbaar landschap dat bestaat uit kreken, oeverwallen en rivierduinen. De Swifterbanters van toen waren echte pioniers die kans zagen optimaal van dit milieu gebruik te maken. Het Rivierduingebied Swifterbant behoort tot de zogenaamde PArK gebieden (Provinciaal Archeologisch en Aardkundig Kerngebied) die door de provincie Flevoland zijn aangewezen. De provincie zet zich in om de archeologische waarden van deze gebieden op te sporen en planologisch te beschermen.

Dit boek belicht de leefwijze en materiele cultuur van de Swifterbantmens. Het zal bijdragen aan een verspreiding van de kennis hierover en aan het creëren van draagvlak voor de zorgvuldige omgang met de bijzondere vindplaatsen in het 'Rivierduingebied Swifterbant' met zijn rivierduinen, kreken en oeverwallen. Graag wil ik op deze plaats een woord van dank richten aan de auteurs voor hun bijdrage aan deze bundel. Zo ook wil ik een woord van dank richten aan het Prins Bernard Cultuurfonds Flevoland en de provincie Flevoland die de verschijning van dit boekwerkje door financiële bijdragen mogelijk hebben gemaakt. *Last but not least* ben ik erg blij dat Wietske Prummel en Paulien de Roever de schouders eronder hebben gezet om de verschijning van deze publicatie – een project dat vastgelopen leek te zijn – weer vlot te trekken. Zonder hun inzet zou dat niet zijn gelukt! Een woord van dank ook aan Dick Velthuizen van Nieuw Land Erfgoedcentrum, die de redactie zeer behulpzaam was bij het aanleveren van fotomateriaal.

André van Holk, coördinator Steunpunt Archeologie en jonge Monumenten Flevoland bij Nieuw Land Erfgoedcentrum, Lelystad

Afb. 0.1 ▸ Het woongebied van de Swifterbanters tegenwoordig met rechtsonder het huidige dorp Swifterbant. Boven, links van het midden zijn op twee plaatsen kronkelige bosstroken te zien (1). Zij liggen op de plaats van de kreken en oeverwallen waarop de Swifterbanters leefden; de bosstroken midden boven en rechts geven de plaats van de rivierduinen aan (2) (vergelijk **afb. 2.2**). Ook namen van wegen en sloten herinneren aan het leven van mens en dier in prehistorische tijden: Vuursteenweg, Beverweg, Edelhertweg, Bijlweg en -tocht, Klokbekerweg en -tocht, Rivierduinweg en -tocht en Elandweg en -tocht (niet allemaal te zien op de afbeelding). Bij de witte ster de parkeerplaatsen Oeverwal en Rivierduin aan weerszijden van de A6.

Bron kaart: Google maps.

Inleiding

De redactie

Op een mooie dag in 1962 liep de heer J.J. Aukema, medewerker van de Rijksdienst voor de IJsselmeerpolders (RIJP) langs vers gegraven sloten in Oostelijk Flevoland. Tot zijn verrassing vond hij daar grauwe scherven en kleine vuursteentjes. Hij kon niet bevroeden wat een radicale verandering dit teweegbracht in de kennis van onze prehistorie.

De afdeling bodemkartering en geologie van de RIJP had al wel aangetoond dat in de polder onder een laag jongere afzettingen een landschap verborgen lag van rivierduinen, kreken, moerassen en oeverwallen, een landschap dat enigszins vergelijkbaar is met de Biesbosch. Gezien de diepte beneden zeeniveau moest dit landschap dateren uit een tijd toen het land nog niet door zee overspoeld was, uit prehistorische tijden van ver voor het begin van onze jaartelling. De vondst van scherven, een al eerder gevonden klokbekerscherf, en de vuursteentjes toonden aan dat er ook mensen in prehistorische tijden hadden rondgedoold. Enkele stukken van dit bewoonde landschap zijn in de beplanting met bos- en grasstroken aangegeven en ook de naamgevingscommissie van de RIJP heeft hiervan gebruik gemaakt (**afb. 0.1**).

Na de vondst van de heer J.J. Aukema besloot de archeoloog van de rijksdienst, de heer G.D. van der Heide, kleine proefopgravingen te verrichten. Maar zijn deskundigheid en ervaring lagen meer in het opgraven van scheepswrakken, dus hij droeg het onderzoek verder over aan het archeologisch instituut van de Rijksuniversiteit van Groningen. In de jaren zeventig van de vorige eeuw, gedurende vele seizoenen, groeven medewerkers van het instituut met studenten en vrijwilligers nederzettingen op van de eerste pioniers van de polder uit het vijfde/vierde millenium voor Christus: jagers-verzamelaars-vissers die ook wat akkerbouw bedreven en vee hielden.

De onderzoekers troffen bewoningsresten aan in de vorm van potscherven, stenen en vuurstenen werktuigen en afslagen, kralen, restanten van houten palen, plantenresten als zaden, hazelnootdoppen, wilde appel e.a., botresten en zelfs menselijke skeletten. Dankzij het feit dat de zee dit gebied had overgenomen, waren organische materialen zoals planten- en botresten bewaard gebleven. De vondstenlaag werd afgesloten van lucht waardoor er geen rotting kon plaatsvinden. En dankzij het inpolderen en in cultuur brengen van de gronden waren bewoningsresten van vroeger 'weer boven water gekomen'. Maar op lang niet alle vragen konden we een antwoord vinden.

Nu, een vijftig jaar verder, weten we meer. Er hebben nieuwe onderzoeken plaatsgevonden. In de opgraving van 2007 werd duidelijk dat de bewoners zelf hier geakkerd hadden. Voor de donkere vlekken in de klei kon nu worden aangetoond dat het bewerkingssporen in een akkertje waren. Nieuwe technische en microscopische analyses van de grond boden zekerheid. Het waren dus geen 'koeienpoten' zoals we bij een eerdere opgraving dachten, geen vlekken veroorzaakt door intrappen in drassige grond.

De Swifterbantcultuur werd ook in andere delen van Nederland aangetroffen, bijvoorbeeld bij de aanleg van de Betuwelijn in het rivierengebied, maar ook op de hogere zandgronden van Drenthe, getuige enkele losse baggervondsten. De Swifterbantcultuur kon nu worden verdeeld in meerdere fasen.

In de eerste twee hoofdstukken van het boek wordt ingegaan op de relatie tussen het publiek en de archeologie rond de Swifterbantcultuur en op de ontdekking, de plaats en tijd en het soort samenleving. Vervolgens wordt een beeld geschetst van de planten- en dierenwereld en hoe de mens daarin heeft gefunctioneerd, met daarnaast de rol van akkerbouw en veeteelt en jacht en visvangst. Ook alle categorieën vondsten komen stuk voor stuk aan bod. De houtresten van paalpunten en enkele voorwerpen als moker en peddel laten zien dat de Swifterbantmensen al zeer kundig waren in houtbewerken en dat er een bewuste keuze is geweest voor bepaalde houtsoorten.

Het aardewerk, voornamelijk gebruikt om in te koken – bijvoorbeeld graanpap – wordt in een bredere context geplaatst. Stenen en vuurstenen werktuigen waren nodig voor houtbewerken, graan malen, leer- en beenbewerken en al het snijwerk. Meer sociale aspecten zijn gerelateerd aan de vondsten van kralen, hangers van tanden en platte steentjes. Het grafritueel is ook zo'n aspect. Men ging zorgvuldig om met de doden; achter de wijze van begraven moet een hele ideeënwereld hebben gezeten. Naar de betekenis van losse skeletonderdelen blijft het gissen.

In het laatste hoofdstuk krijgt de fantasie de ruimte en wordt een dag uit het leven van toen beschreven, zoals we denken dat die eruit gezien zou kunnen hebben. Daarin wordt ook duidelijk hoe al die materiële vondsten uit de opgravingen gebruikt zouden kunnen zijn.

De redactie hoopt dat u met dit boekwerk even stil staat bij de eerste pioniers van Flevoland, de eerste 'landbouwers van boven de grote rivieren', de mensen van de Swifterbantcultuur, over wie we dankzij 50 jaar opgraven en onderzoek inmiddels heel veel weten. Maar er blijven natuurlijk altijd nog dingen over die onderzocht moeten worden.

1 Swifterbant en het publiek: initiatieven en participatie

André van Holk

De opgravingen en het onderzoek bij Swifterbant hebben in de provincie Flevoland altijd nadrukkelijk in de publieke belangstelling gestaan. Twee instellingen die een belangrijke rol vervullen als het gaat om het publieksbereik van de archeologie in het algemeen en de Swifterbantcultuur in het bijzonder, zijn de Stichting Prehistorische Nederzetting Flevoland (SPNF) en de Archeologische Werkgroep Nederland (AWN) – afdeling 21 Flevoland. De oprichting van de SNPF in 1987 is zelfs direct te koppelen aan de opgravingen bij Swifterbant en Schokland. De resultaten van deze opgravingen vormden de basis voor de nederzetting die de stichting wilde realiseren.

Al eerder, in 1976, vond in Flevoland een uiterst interessant initiatief plaats, dat eigenlijk als voorloper van de SNPF kan worden gezien: het steentijd-leefexperiment onder leiding van Horreüs de Haas. Ondanks de gelijktijdigheid van de opgravingen te Swifterbant en het leefexperiment, staan beide niet in oorzakelijk verband. Wel is het 'oer' leven van de Haas en consorten een grote stimulans geweest voor de ontwikkeling van de educatieve en experimentele archeologie. Daarnaast is door de pers veel aandacht aan het leefexperiment besteed, waardoor de prehistorische periode die we de steentijd noemen, ruime bekendheid heeft gekregen bij het grote publiek.

Al was de AWN niet betrokken bij het onderzoek nabij Swifterbant in de 70-er jaren van de vorige eeuw, des te nadrukkelijker is zij aanwezig bij het in 2004 opnieuw gestarte onderzoek. In een eerder stadium hadden leden van de AWN al ervaring opgedaan met steentijdonderzoek. Zo participeerde de AWN bijvoorbeeld in 1996 bij de opgraving van de Hoge Vaart, in het tracé van de A27.

'Oer' leven, twee experimenten in Flevoland

In de provincie Flevoland zijn twee steentijd-leefexperimenten uitgevoerd, respectievelijk in 1976 en in 2005. Het eerste project was voornamelijk op de nieuwe steentijd geënt, het tweede op de middensteentijd (**afb. 1.1 en 1.2**). Beide projecten kenden een voorbereidingstijd van maar liefst vier jaar! In die jaren werd door de deelnemers geoefend om technieken als vuursteen bewerken, pottenbakken en spinnen onder de knie te krijgen.

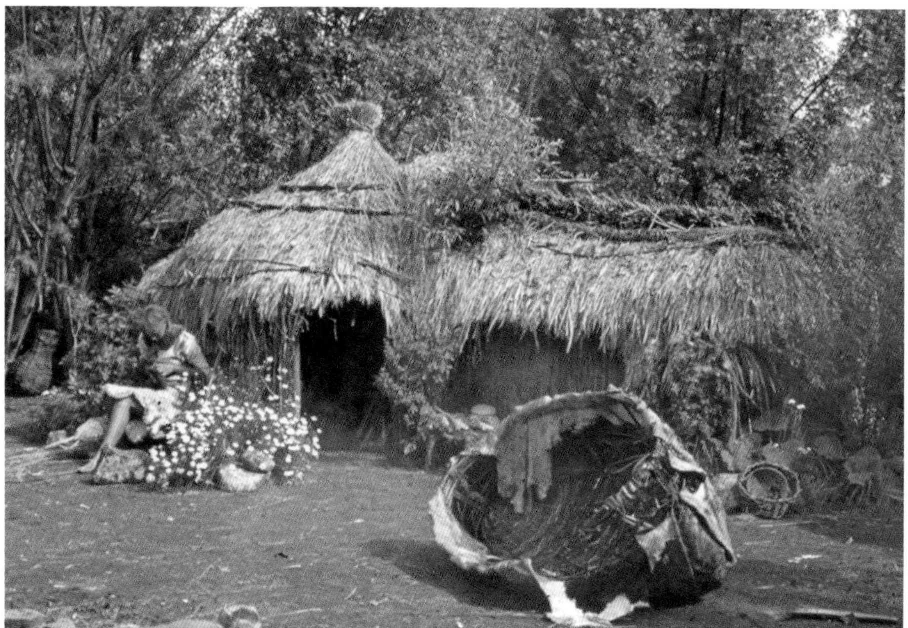

Afb. 1.1 ▸ Leven zoals in de nieuwe steentijd, leefexperiment in Flevoland in 1976. Foto: H. Horreüs de Haas.

Het belang van het eerste leefexperiment van Roelof Horreüs de Haas is vooral gelegen in het publieksbereik (afgezien van de pioniersrol die hij heeft vervuld voor de experimentele archeologie in Nederland). De waarde voor de bewustwording van een breed en een geïnteresseerd publiek kan nauwelijks worden overschat. Kranten en tijdschriften hebben uitgebreid aandacht aan het experiment besteed. Ook de televisie toonde belangstelling. Zo wijdde de NCRV een zesdelige serie aan het leefexperiment van de Haas. Voor een archeologisch onderwerp een ongekend fenomeen! Eén citaat uit het boek “Haze-Sporen, Leven en werken van Roelof Horreüs de Haas” over de gedrevenheid van de Haas en de af en toe gespannen relatie met de pers tijdens het oer-leefexperiment, mag hier niet ontbreken:

> “Het was al tegen het eind van het oerkamp, twee dagen nadat er een heuse open dag voor landelijke kranten was gegeven. Een paar dagen later werd er bij de Haas thuis aan de Zwolse Buitenkant, waar hij toen woonde, ook nog een persconferentie voor regionale bladen gegeven. Een redacteur van de Zwolse Courant zorgde voor een artikel dat ook aan de Gemeenschappelijke Persdienst – een combinatie van locale kranten die onderling kopij uitwisselden – werd doorgegeven. De Zwolse Courant had het verhaal op de afgesproken datum gepland,

> maar twee andere GPD-kranten dreigden het embargo te schenden. Via via hoorde Roelof hiervan en stante pede toog hij ziedend van woede, gekleed in het beestenvel dat hij aan had en met een steenbijl in de hand, zó vanuit het oerkamp in zijn 'lelijke eend' die voor noodgevallen niet veraf was gestald – en dit wás een noodgeval – naar de hoofdredacteur van de Zwolse Courant. De secretaresse kroop van schrik bijna onder het bureau en kon op de vraag "Waar is de hoofdredacteur?" slechts ongecoördineerd stamelen."

Je kunt je afvragen waar die bewustwording van een breed publiek dan uit bestond? Geheel in overeenstemming met de tijdgeest speelde het aspect 'terug naar de natuur' een belangrijke rol. Het was niet de bedoeling een wetenschappelijk experiment uit te voeren om de vraag te beantwoorden hoe de steentijdmens leefde – vanuit de hoek van de wetenschap werd dan ook met de nodige scepsis gereageerd. Wel werd een oerspel gespeeld, met een serieuze ondertoon. Het was een persoonlijk experiment – kunnen we als twintigste-eeuwse mens overleven in 'de steentijd'? – en het was een ontdekkingsreis terug in de tijd. Een uitdagende ontdekkingsreis, dat wel: houden we ons staande onder deze 'primitieve' omstandigheden? Maar het was ook een zoektocht van Roelof Horreüs de Haas zelf naar immaterieel geluk temidden van, en in balans met, de natuur.

Een aspect dat misschien niet tot de doelstelling van het leefexperiment behoorde, maar wel uit de experimenten naar voren komt is dat onze voorgangers uit de steentijd beslist niet 'primitief' waren, integendeel, we kunnen ontzag en respect hebben voor het vernuft en de ingenieuze wijze waarop deze mensen in hun levensonderhoud voorzagen. In het huidige tijdsgewricht lijkt het triviaal, maar het maken (en onderhouden) van vuur bijvoorbeeld, was een enorme uitvinding, die het mensen mogelijk maakte voedsel te bereiden en zich te warm te houden (**afb. 1.2 en 1.3**).

Het recente leefexperiment in 2005 van onder andere Diederik Pomstra en waaraan ook de zoon van Roelof, Hans de Haas, heeft deelgenomen, had ook geen expliciet wetenschappelijk karakter. Het doel was gedurende langere tijd een leven te leiden als jager-verzamelaar, gebaseerd op de materiële cultuur van de mesolithische bewoners van ons land. De deelnemers wilden inzicht verkrijgen in het gebruik van gereedschappen, uitrusting en natuurlijke materialen die ter beschikking stonden en daarmee een bijdrage leveren aan de educatieve en experimentele archeologie.

Ditmaal bestond er vanuit wetenschappelijke hoek meer aandacht voor het leefexperiment. Wetenschappers waren geïnteresseerd in het algemene beeld van het leven in een jagerskamp. Het archeologische beeld is beperkt, doordat het voornamelijk is gebaseerd op het voorkomen van vuurstenen werktuigen. Een andere wetenschappelijke vraag betrof het experimenteren met het maken van gebruikssporen op werk-

Afb. 1.2 ▸ Leven zoals in de middensteentijd, leefexperiment in Flevoland in 2005. Foto: Foto: D. Pomstra.

Afb 1.3 ▸ 'Barbecueën' zoals in de steentijd tijdens het leefexperiment in Flevoland in 1976. Foto: H. Horreüs de Haas.

tuigen gemaakt van vuursteen, bot en gewei. De gebruikte werktuigen tijdens het experiment konden na afloop vergeleken worden met opgegraven exemplaren.

De educatieve component van dit experiment bestond uit de vervaardiging van de leskist "Midden in de Midden-Steentijd" voor Nieuw Land Erfgoedcentrum, die bedoeld is voor basisscholen en het verzorgen van een college op de Universiteit van Leiden.

De Stichting Prehistorische Nederzetting Flevoland

In 1987 is de SPNF opgericht. Directe aanleiding vormden de opgravingen bij Swifterbant en op kavel P14 bij Schokland. In eerste instantie is gestart met de bouw van een bronstijdnederzetting, later gevolgd door het bouwen van een nederzetting uit de steentijd (**afb. 1.4a en 1.4b**). De SPNF bevindt zich op het terrein van het Natuurpark Flevoland, dat door de Stichting Flevo-landschap ter beschikking is gesteld. Aanvankelijk lag de nederzetting op een wat afgelegen plek in het park. In 1995 is besloten tot een interne verhuizing waarbij een 'oer-rivierduinlandschap' is aangelegd. Rivierduinen of donken zijn ontstaan na de laatste ijstijd, toen nog geen sprake was van een gesloten vegetatiedek. De wind had vrij spel om zand op te waaien tot duinen. Het duin in het Natuurpark stelt een rivierduin voor uit het stroomgebied van de Overijsselse Vecht.

In 1997 is op een van de donken gestart met de bouw van twee huizen, gebaseerd op huisplattegronden zoals die zijn aangetroffen tijdens opgravingen op kavel P14 bij Schokland (**afb. 1.5**). De rechthoekige plattegronden (12 × 6 m) dateren uit de latere Swifterbant-periode. Vaak worden deze huizen ten onrechte als boerderijen bestempeld. Het gaat echter om onderkomens die alleen zijn gebruikt als woonhuis. In 2001 zijn de huizen in gebruik genomen. Vanaf dat moment hebben groepen vrienden, gezinnen, schoolklassen, verenigingen en bedrijven gebruik gemaakt van de mogelijkheid om langere of kortere tijd in een van de huizen te verblijven. Voor scholieren is het een enorm spannende ervaring om aan den lijve te ondervinden hoe het is om een paar dagen in de prehistorie te overleven.

Een nieuwe loot aan de stam is gereedgekomen in het voorjaar van 2007: een hut gemaakt van wilgentenen en riet (**afb. 1.6**). De hut is in zes weekenden gebouwd door vrijwilligers, onder leiding van experts en biedt slaapruimte aan zes personen en zitruimte voor een complete schoolklas! Het bouwwerk is een onderkomen, zoals we ons dat voorstellen uit de middensteentijd. In deze periode voorzagen mensen in hun bestaan door middel van jagen en het verzamelen van voedsel; landbouw kenden ze toen nog niet.

Afb. 1.4a ⊳ Gereconstrueerd huis uit de nieuwe steentijd op het terrein van de Stichting Prehistorische Nederzetting Flevoland. Foto: J. de Groot.

Afb. 1.4b ⊳ De bouw van het huis op **afb. 1.4a**. Foto: J. de Groot.

Behalve de huizen staan op het terrein twee lemen broodovens en een pottenbakkersoven; in een haventje liggen drie uitgeholde boomstamboten, waarmee kan worden gevaren. Ook een kleine tuin en een weiland met geiten maken deel uit van het complex.

Naast een verblijf in een van de verschillende huizen, biedt het SPNF vele uiteenlopende activiteiten aan op open dagen, de 'Living History Day' of voor groepen op afspraak: brood bakken, vuursteen bewerken, boogschieten, prehistorisch koken, vuur maken, graan malen, sieraden maken, muziekinstrumenten maken en bespelen, opgraven en luisteren naar spannende verhalen uit het verleden.

Afb. 1.5 ▸ Huisplattegronden opgegraven op kavel P14 bij Schokland.
Uit: Ten Anscher 2012, fig. 20.4.

Afb. 1.6 ▸ Nagebouwde hut uit de middensteentijd op het terrein van de Stichting Prehistorische Nederzetting Flevoland. Foto: Stichting Prehistorische Nederzetting Flevoland.

De rol van Archeologische Werkgemeenschap Nederland – afdeling 21 Flevoland

Na het onderzoek bij de Hoge Vaart waarin door de AWN werd geparticipeerd, volgden verschillende campagnes waarbij de AWN actief was: het onderzoek bij Emmeloord (A6), Urk (Domineesweg), rivierduin bij Swifterbant (Klingenweg) en Almere Hout (Zwaanpad). Als gevolg van de invoering van de wet van Malta werd zelfstandig onderzoek door amateur archeologen vrijwel onmogelijk. Daarvoor zijn namelijk de aanwezigheid van een senior archeoloog en een opgravingsbevoegdheid noodzakelijk. Met vooruitziende blik heeft de provincie Flevoland al vanaf 1999 een veldcursus voor de AWN in het leven geroepen en voorziet in de financiering daarvan.

Gelukkig deed zich in 2004 en daarop volgende jaren de mogelijkheid voor om deel te nemen aan het opnieuw opgestarte onderzoek bij Swifterbant door het Groninger Instituut voor Archeologie (GIA) van de Rijksuniversiteit Groningen (RUG) en Nieuw Land Erfgoedcentrum; voor de AWN van belang om de veldcursus te kunnen continueren (**afb. 1.7**).

Maar de samenwerking met Nieuw Land Erfgoedcentrum en de RUG is een symbiose: leden van de AWN werken ook mee aan de uitwerking van de opgraving. Zo wordt elke vrijdag op het depot van het Nieuw Land Erfgoedcentrum hard gewerkt aan het sorteren van het zeefresidu.

Over naar de veldcursus. De opgravingen bij Swifterbant worden uitgevoerd door twee opgravingteams, die bestaan uit archeologen en studenten onder leiding van Daan Raemaekers van het GIA. Het zal u misschien verbazen te lezen dat ook amateurarcheologen hun steentje hebben bijgedragen aan het Swifterbantonderzoek en deel uitmaken van een wetenschappelijk team. Ze doen dat niet op eigen houtje, maar worden aangestuurd door Dick Velthuizen, archeologisch medewerker van het Nieuw Land Erfgoedcentrum.

Hoe is die rol van de AWN bij het Swifterbant-onderzoek tot stand gekomen? Aan het woord Ben van Rosmalen, lid van de AWN:

> "De samenstellers van dit boek hebben mij uitgenodigd enkele regels te schrijven over de rol van amateur-archeologen in bij het Swifterbantonderzoek. Graag voldoe ik aan dit verzoek.
> Als amateurs (zelf praat ik liever over vrijwilligers) hebben we een aparte status bij het onderhavige Swifterbantonderzoek. We worden door de 'professionals' van de Universiteit van Groningen uitgenodigd bij het veldwerk dat aan de wetenschappelijke interpretaties vooraf gaat. Dat ging niet zo maar. De provincie Flevoland stelt ons namelijk al jaren in staat een veldcursus te volgen om het klappen van de zweep onder de knie te krijgen. U moet ons, amateurs, dan ook niet verwar-

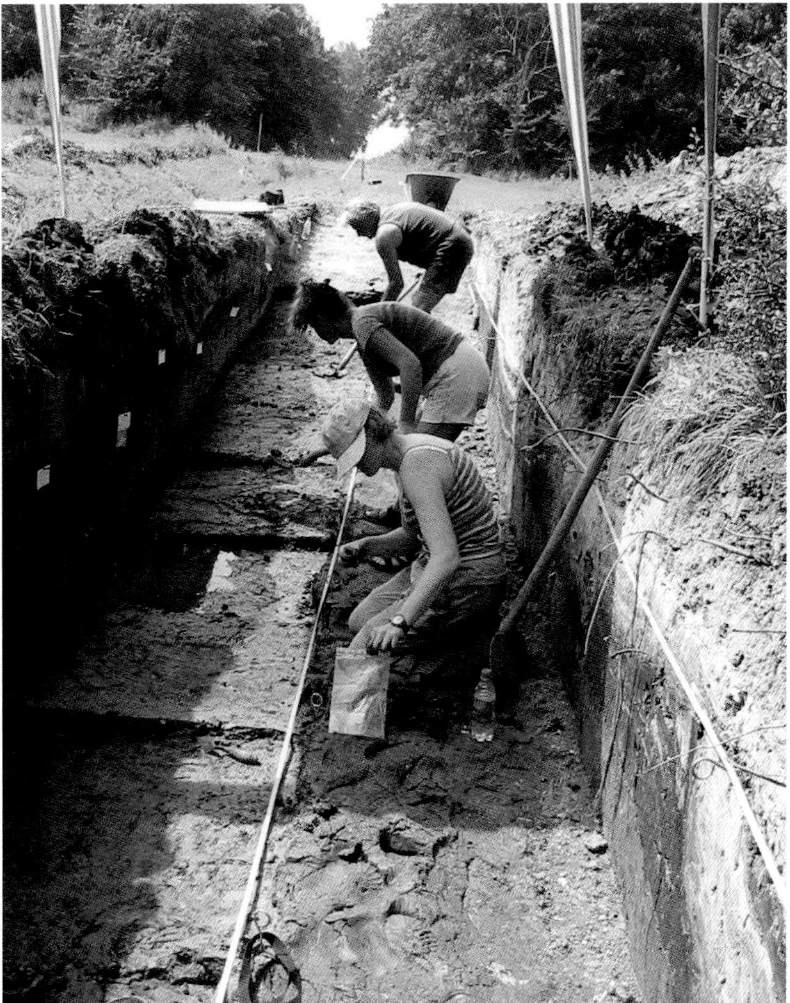

Afb. 1.7 ▹ Deelname van AWN-leden aan de opgraving in de vindplaats Swifterbant S2 in 2004. Foto: Provinciaal Depot Bodemvondsten Flevoland.

ren met wat wel eens 'graafslaven' worden genoemd. Wat die veldcursus betreft, moesten ons ook de nieren worden geproefd, met andere woorden we moesten een proeve van bekwaamheid afleggen en waar kon dat beter dan tijdens een officiële opgraving, compleet met het puikje van de Nederlandse archeologie? Kortom, wetenschappers vonden het de moeite waard met ons in zee te gaan. We hebben er wederzijds geen spijt van gehad. U treft ons in ieder geval aan bij opgravingen waar Daan Raemaekers uit Groningen de leiding heeft. De rol van amateur-archeologen in het proces van wetenschappelijk onderzoek wordt wellicht onderschat, maar is niet uit te vlakken."

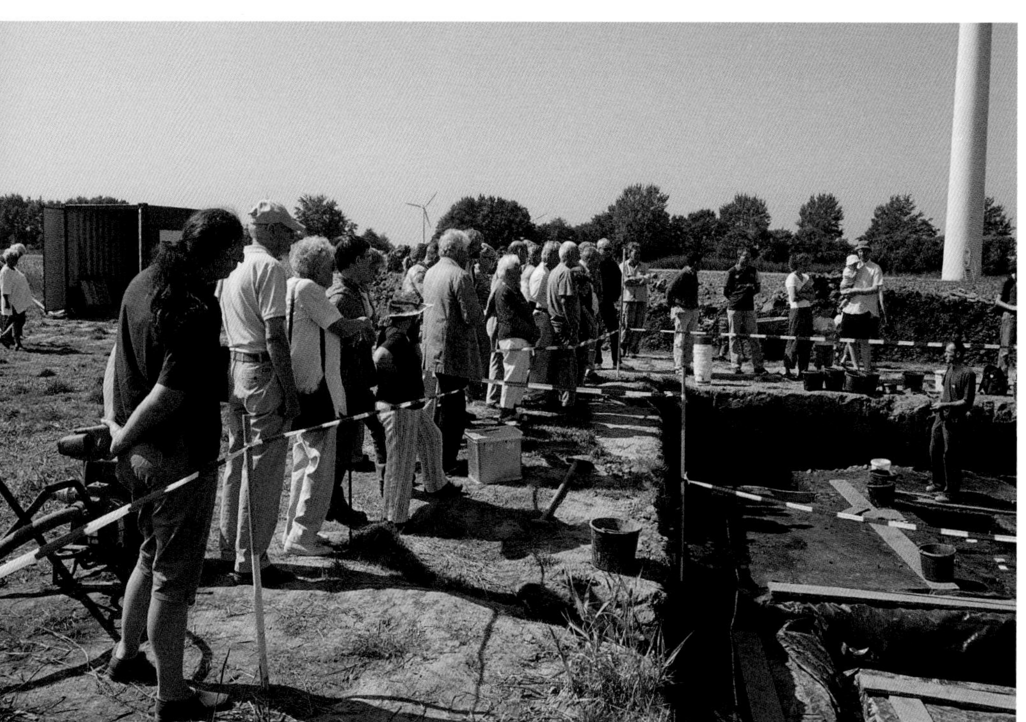

Afb. 1.8 ▸ Open dag bij de opgraving op de vindplaats Swifterbant S4 in 2007. Foto: Provinciaal Depot Bodemvondsten Flevoland.

Hoe wordt het veldwerk in de praktijk uitgevoerd en hoe wordt het ervaren door AWN-ers? Aan het woord opnieuw Ben van Rosmalen, AWN-lid:

> "Ik smaakte het genoegen een deel van de Swifterbant opgravingen mee te mogen maken. Ik geef u een paar steekwoorden: spierpijn, heel veel vette klei en wespensteken. Maar vooral ook: toewijding. Veel belangstelling bij open dagen voor het brede publiek (**afb. 1.8**). Overigens, tijdens zo'n open dag, maakte mijn schop bij het schaven het bekende krassende geluid. Voorzichtig legde ik een flinke potscherf bloot. De kijkers, vanaf de putrand, merkten dat op. Na registratie van de vondst raapte ik hem op en reikte hem aan iemand aan die aan de rand van de put stond. Die keek er stomverbaasd naar en merkte verbijsterd op: "zesduizend jaar oud en ik ben de eerste die hem in z'n hand mag houden!". Dat is nu het publiek interesseren en enthousiast maken, kortom PR van de bovenste plank.
> Tijdens de Swifterbantopgravingen staan wij, als amateurs, zij aan zij met de 'professionals' in de opgravingsput. Samen delen we de ver-

rukking als we weer een vondst aan het licht brengen. Als collectief maken we de gereedschappen schoon na afloop van een graafdag. En drinken koffie. Sloten koffie.
Wij, meest wat ouderen, luisteren naar de kroegverhalen van de studenten. Op onze beurt vertellen we over wat wij belangrijk vinden in ons leven. Je zou kunnen zeggen dat we soms van elkaar leren. Jonkies en ouderen. Opgravingen verbroederen.
Voor het overige: ik prijs mezelf gelukkig dat ik aan dit wetenschappelijk onderzoek van deze Swifterbantmensen kan deelnemen! Blij ben ik ook met de provincie Flevoland, die middels een financiële bijdrage deze veldcursussen mogelijk maakt! Elk opgravingsseizoen wordt afgesloten met een gezamenlijk diner. Dat versterkt de onderlinge band van het team!"

Tot slot

De Swifterbantcultuur spreekt tot de verbeelding in dit nieuwe land. In de openbare ruimte van Swifterbant zijn dan ook enkele kunstwerken te zien waarvoor de kunstenaars zich hebben laten inspireren door deze oude cultuur (zie de website van Flevoland Erfgoed). Sinds 1985 staat voor de bibliotheek aan de Zuidsingel een beeld dat het heden met het verleden verbindt. De kunstenaar Ger Zijlstra heeft op een enorme verticale staalplaat een navenant vergrote 'klingkrabber' bevestigd met dikke kabels. Hij liet zich inspireren door hoe de opgegraven vuurstenen werktuigjes vroeger vaak op kartonnetjes werden vastgebonden en met een catalogusnummer erop geschreven werden opgeborgen en/of tentoongesteld (**afb. 1.9**).

In het dorpspark De Greente is in 2007 een muziekkoepel verrezen in de vorm van een doorgesneden liggende Swifterbantpot. Het ontwerp is van Huib van der Starre naar een idee van Dick Velthuizen van het Nieuw Land Erfgoedcentrum. De koepel is gevormd uit een vlechtwerk van staal waartegen aan beide zijden spuitbeton is aangebracht. De kunstenaar René Smeets heeft de wanden vervolgens afgewerkt en ook scheuren en barsten aangebracht om het idee van een opgegraven pot over te brengen (**afb. 1.10**).

Afb. 1.9 ▸ Beeld 'Klingkrabber', uit 1985, van Ger Zijlstra aan de Zuidsingel in Swifterbant voor de bibliotheek. Foto: J.P. de Roever, 2016.

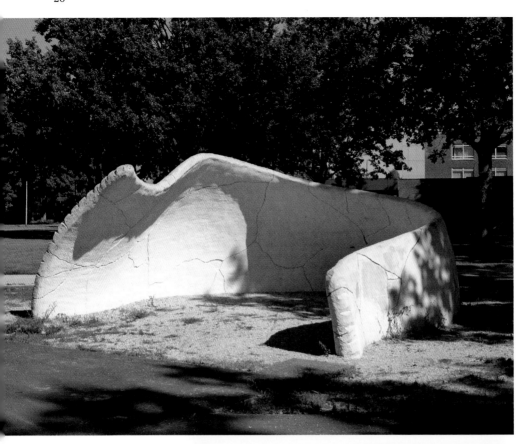

Afb. 1.10 ▸ Muziekkoepel in de vorm van een doorgesneden liggende Swifterbantpot, uit 2007, in dorpspark De Greente in Swifterbant. Ontwerp Huib van der Starre, naar een idee van Dick Velthuizen van Nieuw Land Erfgoedcentrum. Afwerking van de wanden zoals bij een opgegraven pot door René Smeets. Foto's: J.P. de Roever, 2016.

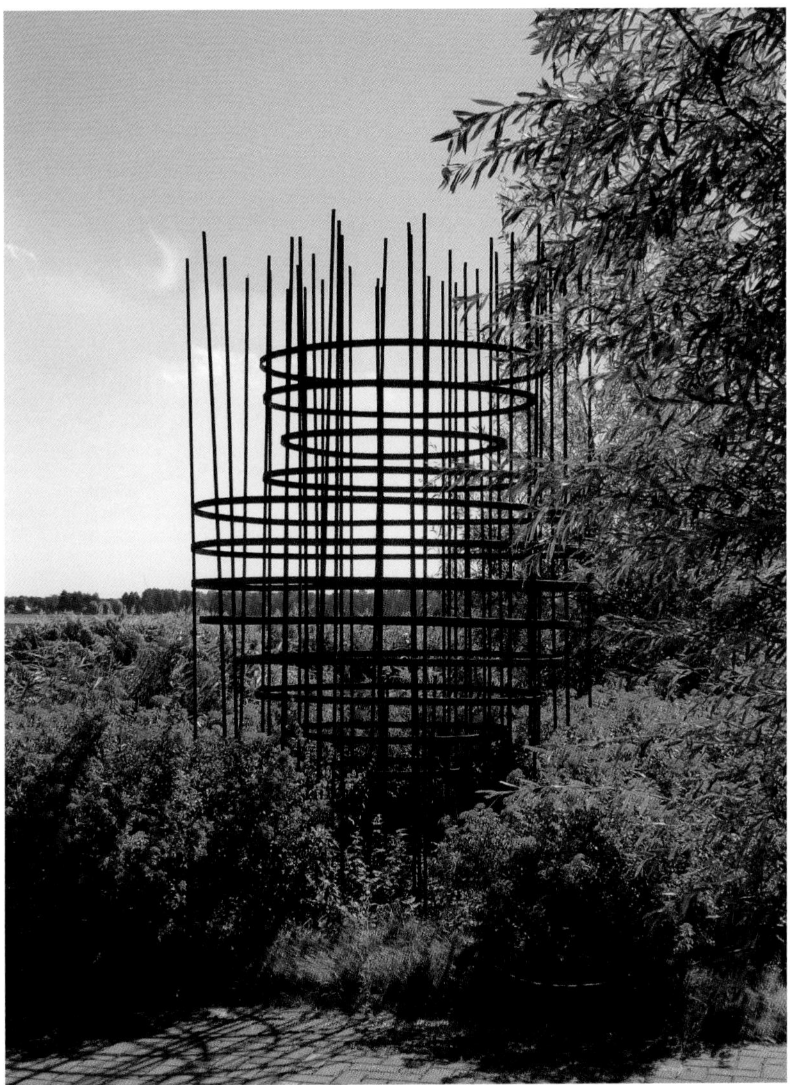

Afb. 1.11 ▸ Beeld 'Swifterbanter', uit 2008, van Mariël Bisschops Rivierduinweg 9, Swifterbant. Foto: J.P. de Roever, 2016.

En als laatste liet ook Mariël Bisschops zich in 2008 door een puntbodempot inspireren. Als constructie van ijzeren staven en ringen staat deze 5 meter hoge 'Swifterbanter' aan de Rivierduinweg 9 met zicht op de bosjes waar de Swifterbanters gewoond hebben (**afb. 1.11**). Een klimplant moet het geheel overwoekeren als symbool van de aarde en het water die de pot circa 5000 jaar lang hebben bedekt.

Literatuur

Anscher, T.J. ten, 2012. *Leven met de Vecht: Schokland-P14 en de Noordoostpolder in het neolithicum en de bronstijd*. Proefschrift, UvA.

Horreüs de Haas, J. & R., 1982. *Als in het stenen tijdperk. Verslag van het spel in de Flevopolder*. Den Haag, Omniboek.

Huisingh, E., I. Jansen, M. Sypkens Smit, B. van Beekum & H. Horreüs de Haas, 1999. *Haze-sporen. Leven en werk van Roelof Horreüs de Haas*. Zwolle, Erven Horreüs de Haas, Waanders.

Peeters, H., W.-J. Hogestijn & Th. Holleman, 2004. *De Swifterbantcultuur. Een nieuwe kijk op de aanloop naar voedselproductie*. Abcoude, Uniepers.

Pomstra, D. & D. Olthof, 2006. Jager-verzamelaars in de Flevopolder. Verslag van een mesolithisch leefproject. *Westerheem* 55, nr. 6, 306-311.

Website van de Stichting Prehistorische Nederzetting: www.spnf.net.

Website voor de kunstwerken: www.flevolanderfgoed.nl/home/kunst/oostelijkflevoland.

2 De Swifterbantcultuur. Een onzichtbare wereld op de kaart gezet

Daan Raemaekers

Inleiding

Swifterbant, een polderdorp met wereldfaam.... Dat hadden de pioniers van de polder Oostelijk Flevoland nooit kunnen vermoeden. Al snel na de drooglegging van de polder trokken medewerkers van de Rijksdienst voor de IJsselmeerpolders door de pas gegraven sloten om de opbouw van de bodem op te tekenen en zo de agrarische mogelijkheden te bepalen. Bij de kavelsloot tussen G41 en G42, ten zuiden van de Visvijverweg, vonden ze in 1962 stukjes aardewerk in een bodemlaag die herkend werd als een oeverwalafzetting. Blijkbaar waren de polderpioniers niet de eerste bewoners van dit land. Hier lag een meter onder maaiveld, op een niveau van 5,35 à 5,50 m –NAP, een verdronken landschap van kreken, oeverwallen, moerassen en rivierduinen met een dertiental woonplaatsen van vroegere bewoners. Deze vindplaatsen werden benoemd met de S van Swifterbant en een volgnummer, bijvoorbeeld S2, S3, enz. (**afb. 2.1 en 2.2**).

In de jaren 1962-1967 verrichtte de Rijksdienst voor de IJsselmeerpolders onder leiding van G.D. van der Heide opgravingen op de als eerste aangetroffen locatie S2, gelegen op een oeverwal, en op vindplaatsen op een rivierduin in het gebied (S21-24). Langzaam sijpelde het belang van de ontdekking door. Het archeologisch onderzoek vond uiteindelijk universitair onderdak bij het toenmalig Biologisch-Archaeologisch Instituut van de Rijksuniversiteit Groningen. J.D. van der Waals en zijn mensen groeven in jaarlijkse campagnes van 1972 tot 1979 op deze en andere vindplaatsen in dit prehistorische gebied.

Meer dan 35 jaar na de eerste vondsten kan het belang van de opgravingen van Swifterbant duidelijk verwoord worden. De vondsten van Swifterbant gaven de naam aan de Swifterbantcultuur, een cultuur uit de nieuwe steentijd (het neolithicum). Het betreft een groep archeologische vindplaatsen met gemeenschappelijke kenmerken.

Vindplaatsen van de Swifterbantcultuur zijn bekend uit een gebied tussen Hamburg en Antwerpen en dateren uit de periode 5000-3400 v. Chr. Essentieel is dat we op basis van de Swifterbantvondsten een geleidelijk ontstaan kunnen traceren van het boerenleven. De eerste Swifter-

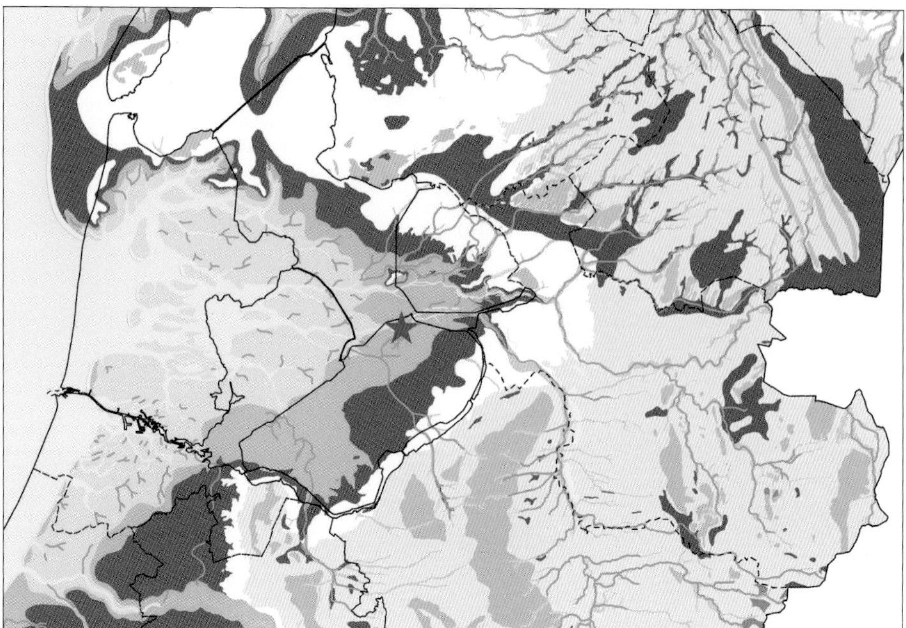

Afb. 2.1 ▸ Paleogeografische reconstructie van Swifterbant (ster) en omstreken omstreeks 3850 v. Chr. met de huidige kustlijn en provinciegrenzen. Van links naar rechts zijn wadden (lichtgroen), kwelders (donkergroen), veen (bruin) en zand (drie tinten geel) aangegeven. Naar: Vos & De Vries 2013.

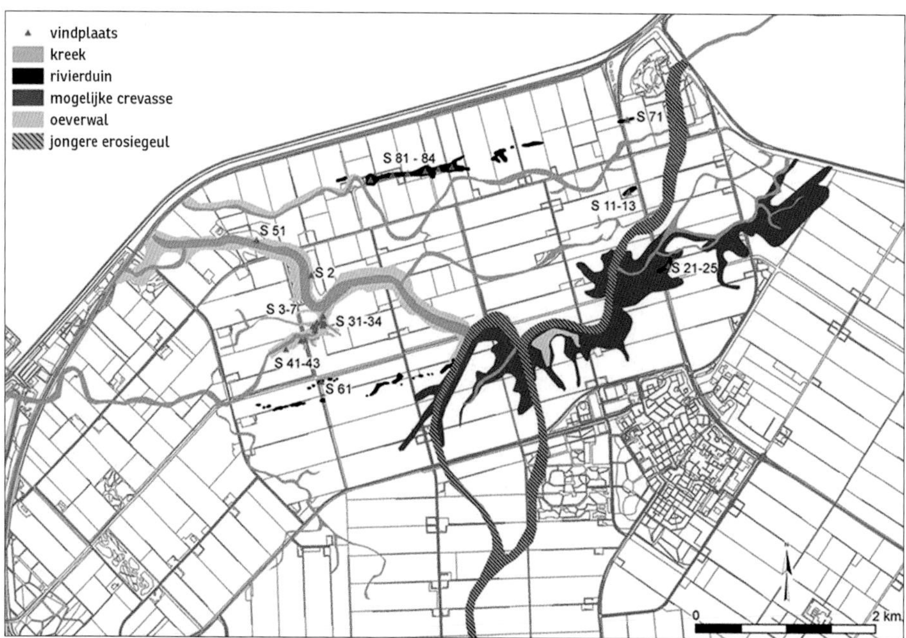

Afb. 2.2 ▸ Het krekengebied met de vindplaatsen van de Swifterbantcultuur. Uit: Devriendt 2014, fig. 2.2.

banters waren jager-verzamelaars. Vanaf 4700 v. Chr. zien we dat botten van huisdieren (rund, varken en schaap) in kleine aantallen op de vindplaatsen aangetroffen worden. Vanaf ten minste 4200 v. Chr. deden de Swifterbanters ook aan akkerbouw. De jager-verzamelaars werden echter nooit uitsluitend boer: ook in de laatste eeuwen van de Swifterbantcultuur bleven jacht en verzamelen belangrijke activiteiten (**tabel 2.1**).

PERIODE	DATERING		SAMENLEVING
IJzertijd	800 – 0 v. Chr.		Boerennederzettingen
Bronstijd	2100 – 800 v. Chr.		Boerennederzettingen
Nieuwe steentijd (Neolithicum)	5000 – 2000 v. Chr		Landbouw met nog component jagen-verzamelen
		Laat-Swifterbant 4000 – 3400 v. Chr.	Landbouw met nog component jagen-verzamelen
		Midden-Swifterbant 4600 – 4000 v. Chr.	Landbouw met nog component jagen-verzamelen
Middensteentijd (Mesolithicum)	9000 – 5000 v. Chr	Vroeg-Swifterbant 5000 – 4600 v. Chr.	Jager-verzamelaars Begin vervaardigen van aardewerk
			Jager-verzamelaars
Oude steentijd (Paleolithicum)	9000 v. Chr. en ouder		Jager-verzamelaars

Tabel 2.1 ▹ De Swifterbantcultuur in het algemene tijdschema.

De ontstaansgeschiedenis van het landschap bij Swifterbant

Na de laatste ijstijd bestond het gebied rond Swifterbant uit een met bos begroeid zandlandschap met daarin het brede oerstroomdal van de Overijsselse Vecht. Meanderende rivieren stroomden door dit dal naar zee. Langs de randen van dit dal waren rivierduinen gevormd. Deze laatste werden door de jager-verzamelaars van de middensteentijd uitgekozen om er hun kampementen te vestigen.

Het was een zeer dynamisch gebied. Geleidelijk, doordat de zeespiegel steeg, werd het gebied steeds natter. Eerst begonnen moerasplanten te groeien en uiteindelijk drong de zee via het dal naar binnen en werd klei afgezet. Er ontstond een krekenlandschap. Meer naar het westen kunnen lagunes gevormd zijn. Langs de kreken waren oevers opgeslibd en daarachter lagen moerassige stukken land (zie ook hoofdstuk 3). In de periode van circa 4300 tot 4000 v. Chr. nam de invloed van de zee af en waren eb en vloed nog in geringe mate merkbaar in het gebied rond

Swifterbant. Er vond weinig opslibbing vanuit zee meer plaats. Hooguit werd het rivierwater van de Vecht bij hoge (storm)vloeden af en toe opgestuwd. Er werd dan materiaal op de oevers afgezet en de kreken verlegden zich soms wat.

De oeverwallen langs de waterlopen waren rond 4300 v. Chr. met bos begroeid geraakt, het milieu was verzoet en bewoning in dit gebied was nu mogelijk. Achter de oevers lagen moerassen met her en der nog open water. Mensen verkenden deze oevers en kozen deze gunstig aan het water gelegen plekken uit om op te wonen. Het was er goed vissen. Natuurlijk bleef de jacht belangrijk maar daarnaast deden ze ook aan veeteelt en akkerbouw.

De zeespiegelstijging ging echter door en het grondwaterpeil ging daarom ook omhoog. Na 3700 v. Chr. raakte het gebied met veen bedekt en drong de zee via de geulen naar binnen. De bewoners waren gedwongen naar elders te trekken. De hogere rivierduinen staken als toppen boven het sompige veen uit, tot ook deze overgroeid raakten. Na 3400 v. Chr. was ook op de rivierduinen geen bewoning meer mogelijk

Landschap en natuur

De Swifterbanters in Nederland leefden in een wereld die nog in zeer grote mate natuur genoemd kan worden. Het aantal inwoners in ons land was nog zo beperkt dat hun ingrepen in de natuur, denk aan het kappen van bos voor brandhout, bouwhout of de aanleg van akkers, minimale effecten op de natuur zullen hebben gehad. Opvallend is dat vrijwel alle Swifterbantvindplaatsen zijn aangetroffen in destijds waterrijke en moerassige gebieden. De Swifterbanters hadden hun woonplaatsen op rivierduinen en oevers langs kreken en rivieren (**afb. 2.2**).

Op basis van deze locaties zouden we kunnen concluderen dat de Swifterbantcultuur een prehistorische gemeenschap was die zich had aangepast aan moerasgebieden. Daarmee wordt voorbijgegaan aan het feit dat we eigenlijk vrij weinig afweten van bewoning van de drogere delen van Nederland, zoals de zandgronden van Drenthe, Overijssel en Gelderland. Gezien de losse vondsten van bijlen en een enkele aardewerken pot, bijvoorbeeld bij Bronneger in Drenthe (**afb. 2.3**) en bij Raalte in Overijssel, hebben in die gebieden toen wel mensen rondgetrokken, maar nederzettingsresten zijn nooit gevonden. Het is onduidelijk of ons beeld van de Swifterbanters in de Flevopolders kan worden gebruikt als model voor dit grotere gebied of dat de Swifterbantcultuur inderdaad een typische vorm van bewoning was, een keuze voor leven in moerasgebieden.

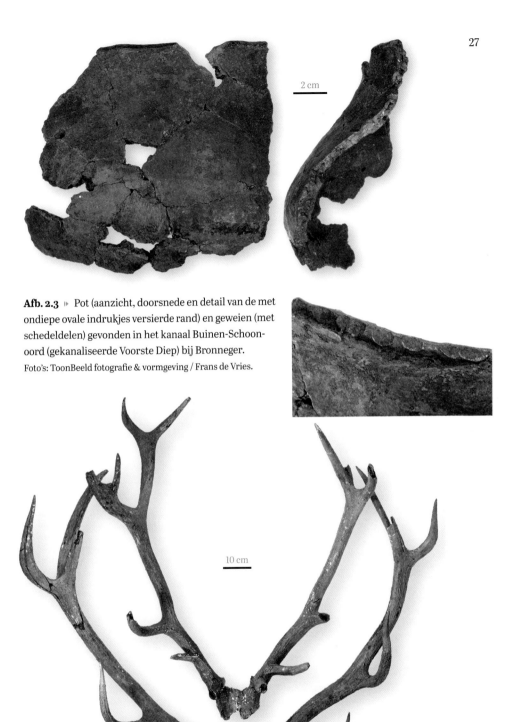

Afb. 2.3 ▸ Pot (aanzicht, doorsnede en detail van de met ondiepe ovale indrukjes versierde rand) en geweien (met schedeldelen) gevonden in het kanaal Buinen-Schoonoord (gekanaliseerde Voorste Diep) bij Bronneger.
Foto's: ToonBeeld fotografie & vormgeving / Frans de Vries.

10 cm

Planten en dieren

Archeologisch onderzoek van botanische resten en botten is bij uitstek geschikt om een idee te krijgen van het voedsel dat de mensen aten. De bijdragen van Mans Schepers (hoofdstuk 3) en Wietske Prummel (hoofdstuk 4) geven daar een goed beeld van. Lastiger is het om in detail vast te stellen hoe het voedsel werd vergaard, hoe het werd bewerkt, hoe het werd bereid en hoe vaak het gegeten werd en met wie en waar. Een voorbeeld: het botmateriaal maakt duidelijk dat edelherten met enige regelmaat geschoten werden, maar op welke wijze de jacht plaatsvond en hoe omgegaan werd met het vlees is geheel onbekend. Een edelhert levert veel vlees voor een familiegroep en als ervan uitgegaan wordt dat niets verloren ging, zullen de Swifterbanters technieken hebben gehad om vlees te conserveren en te bewaren. Al zijn er geen archeologische aanknopingspunten, gedacht kan worden aan roken boven het vuur of het drogen aan de buitenlucht bij geschikte weersomstandigheden.

Over bepaalde aspecten van de productiewijze van graan bestaan ook nog vragen. De vondst in 2007 van een akker die bewerkt werd met een hak, geeft ons in ieder geval een indruk van de technologie waarmee gewerkt werd en van de grootte van een akker, maar op welke wijze het graan geoogst werd is nog onduidelijk evenals de wijze waarop het graan werd bewaard. De verwerking van graankorrels tot meel is weer beter bekend: er zijn bij de opgravingen diverse maalstenen gevonden, die waarschijnlijk gebruikt zullen zijn om graankorrels te malen waarna het meel mogelijk de basis vormde voor pap of ongerezen platte broodjes. Deze broodjes zijn te bakken op warme stenen of in de as, een in India nog steeds gebruikelijke methode. Een bijzonder detail is dat het gebruik en opruwen van maalstenen leidt tot het afbrokkelen van de maalsteen, waardoor steengruis in het eten terecht kan komen.

Jagen, vissen en verzamelen

Het is onmogelijk vast te stellen hoe groot de bijdrage aan het dieet van planten was ten opzichte van die van dieren: waren de Swifterbanters grotendeels vegetariërs of aten ze juist heel veel dierlijk voedsel? Wel wordt duidelijk dat vis zeer regelmatig gegeten werd. Vindplaats S3, die op een knooppunt van kreken ligt, leende er zich uitstekend voor om te vissen. Naast de visresten zelf blijkt het ook uit laboratoriumonderzoek aan verbrande etensresten, bewaard gebleven als een koek op het aardewerk, en aan de menselijke botresten. De chemische samenstelling van zowel de koek als de botten verraadt een dieet waarin vis belangrijk was. Het belang van vis is goed voorstelbaar. De bewoners van Swifterbant

Afb. 2.4 ▹ Akker gevonden in de vindplaats Swifterbant S4. A: Sporen van grondbewerking op het horizontale vlak. B: Deze sporen in het profiel; binnen het gele kader zijn zij het duidelijkst. C: Detail van B; de gele pijltjes wijzen naar de plaatsen waar het grondbewerkingswerktuig, waarschijnlijk een hak, de bodem heeft opengemaakt. Uit: Huisman & Raemaekers 2014, fig. 4.

woonden langs kreken met dagelijks hogere en lagere waterstanden door de invloed van eb en vloed. Door het plaatsen van visfuiken en visweren zal het gemakkelijk zijn geweest vis te vangen.

Wonen en mobiliteit

De bewoners van prehistorisch Swifterbant woonden waarschijnlijk niet het gehele jaar op dezelfde plaats. Het akkeren moet in de zomer hebben plaatsgevonden (**afb. 2.4**). Gevonden hazelnootdoppen en een verdroogd appeltje wijzen op het verzamelen in het najaar. Enkele trekkende vissoor-

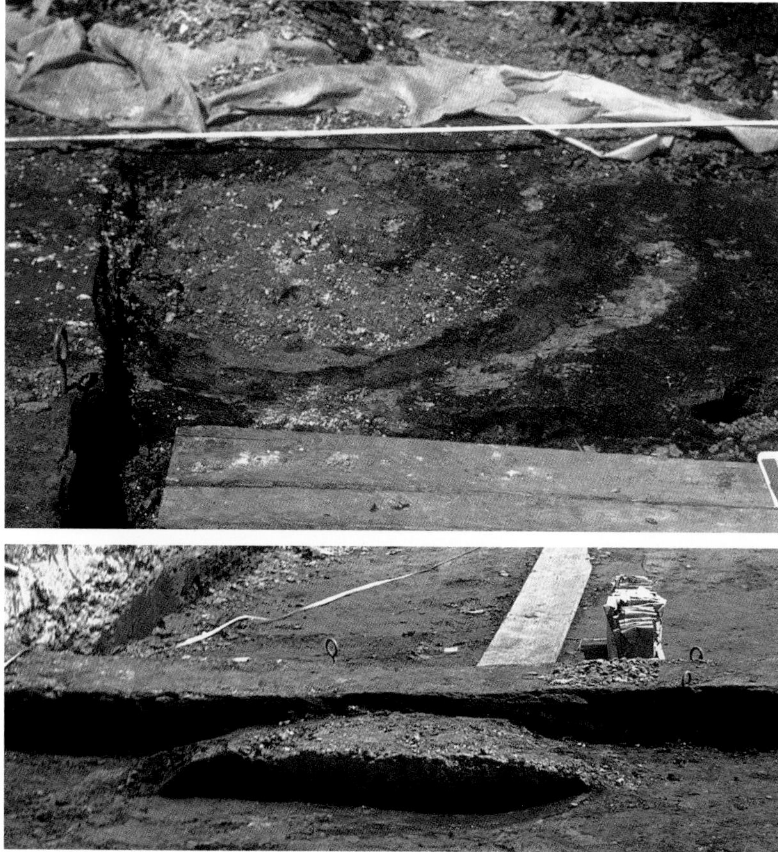

Afb. 2.5 ▸ Een haard op de vindplaats Swifterbant S3 tijdens de opgraving. Zichtbaar is het kleipakket waaruit de haard is opgebouwd. Bovenste foto: de haard gezien van boven; onderste foto: profiel door de haard nadat een deel was afgegraven. Foto's: Rijksuniversiteit Groningen, Groninger Instituut voor Archeologie.

ten waren alleen in voorjaar en zomer te vangen. Afgeworpen edelhertgeweien moesten in februari en maart worden verzameld (zie hoofdstuk 4). Het gebied was 's winters waarschijnlijk te nat voor bewoning. Men zal er van de lente tot de herfst gewoond hebben, maar de bewoners kunnen er wel in de winter teruggekomen zijn voor pelsjacht en vogelvangst.

Van de woonactiviteiten vinden we het afval terug: potscherven, botten, vuursteen en steen. Bot is hier bewaard gebleven omdat het land na de bewoning door veen werd bedekt en onder water is geraakt; doordat geen lucht meer kon toetreden is dat niet vergaan. Daardoor zijn op de vindplaats S3 ook veel houten paalpunten gevonden. Waarschijnlijk is de plek telkens weer bewoond, men trok weg, men kwam terug en moest het een en ander repareren of opnieuw opbouwen (zie hoofdstuk 5). Verder vinden we ook andere grondsporen zoals haardplaatsen, soms eenmaal gebruikt, soms veel vaker. Kennelijk waren deze plekken nog duidelijk herkenbaar in het land. Bij terugkomst werd op dezelfde plek weer vuur gestookt waardoor deze haardjes steeds dikker werden (**afb. 2.5**).

Daarnaast moeten we ons afvragen of in de seizoenen dat men woonde bij Swifterbant de gehele familiegroep op een nederzetting permanent aanwezig was. Waarschijnlijk werd het grote aantal uit te voeren taken verdeeld over de groepsleden. Voor het jagen bijvoorbeeld zou het kunnen dat enkele mensen wat langer van huis waren en verderop in het gebied hun bivak opsloegen. Ook zullen de kleine kuddes vee niet de gehele tijd nabij de woonplaatsen hebben kunnen blijven. Voor verse weidegronden zal het vee regelmatig verplaatst moeten zijn. Ook voor andere activiteiten moesten mensen voor een tijdje de basiskampen bij Swifterbant verlaten. Izabel Devriendt (hoofdstuk 7, 8) maakt in haar bijdragen duidelijk dat de benodigde stenen aangevoerd moesten worden van Urk of Schokland. Zij zullen per kano naar Swifterbant zijn vervoerd.

Dood en het bovennatuurlijke

20 juli 2005. Op een van de laatste dagen van de opgraving van Swifterbant S4 zit een student, Corien Wiersma, gebukt te troffelen aan de rand van de opgravingsput. De troffel raakt iets hards. Door het weghalen van wat grond wordt een klein stukje bot zichtbaar. Na nog meer troffelen wordt duidelijk dat het bot bolvormig is: de schedel van een mens (**afb. 2.6**). Hoewel we allemaal weten hoe zo'n schedel er uitziet is de onrust meteen groot. Iedereen legt zijn of haar werk neer om te kijken hoe Corien samen met Marieke van der Wal de schedel verder blootlegt. De rest van de dag heerst een feeststemming.

De vondst van menselijk botmateriaal is altijd speciaal. Automatisch weet iedereen dat het verleden niet grijpbaarder kan zijn. Je kunt niet dichter bij prehistorische mensen komen dan door de vondst van hun eigen botmateriaal. Het kindergraf van S4 is een recente toevoeging aan de groep met graven van de Swifterbantcultuur die we op andere vindplaatsen hebben aangetroffen (zie hoofdstuk 9).

Er zijn relatief weinig kindergraven gevonden. Persoonlijk vind ik het fascinerend dat de Swifterbanters hun overleden kinderen in de regel niet begroeven maar voor hen een ander dodenritueel kenden, een ritueel dat geen sporen naliet voor de archeoloog. In elk geval maakt de prehistorische archeologie duidelijk dat onze omgang met de doden sterk cultureel bepaald is. Andere gemeenschappen kunnen heel andere normen en waarden hebben gehad dan wij.

Afb. 2.6 ▹ Het uitgraven van de kinderschedel in de vindplaats Swifterbant S4. Foto: Rijksuniversiteit Groningen, Groninger Instituut voor Archeologie.

Het geestesleven van de Swifterbanters kun je in principe niet opgraven. Wel zijn er verschillende vondstcontexten die ongetwijfeld de restanten zijn van betekenisvolle handelingen die wij moeilijk kunnen duiden. Zo is op de vindplaats Hardinxveld-Polderweg door de Swifterbanters een klein kuiltje gegraven, juist groot genoeg om een aardewerken pot in te plaatsen. Waarom graaf je een nog bruikbare pot in? Op de locatie Almere Hoge Vaart is de schedel van een oeros gevonden juist naast een aantal houten palen. Heeft de schedel op een van de palen gestaan en zijn dit de resten van een totempaal? Al kunnen we de betekenis van dergelijke vondsten niet achterhalen, belangrijk is dat ze ons duidelijk maken dat de Swifterbanters mensen waren die niet als 'wandelende magen' door een oerlandschap trokken, maar mensen met een cultureel leven, net als wij.

Literatuur

Devriendt, I., 2014. *Swifterbant Stones, The Neolithic stone and flint industry at Swifterbant (the Netherlands)* (Groningen Archaeological Studies 25). Proefschrift Rijksuniversiteit Groningen. Barkhuis & Groningen University Library.

Dresscher, S. & D.C.M. Raemaekers, 2010. Oude geulen op nieuwe kaarten. Het krekensysteem bij Swifterbant (prov. Flevoland). *Paleo-aktueel* 21, 31-38.

Huisman, D.J. & D.C.M. Raemaekers, 2014. Systematic cultivation of the Swifterbant wetlands (The Netherlands). Evidence from Neolithic tillage marks (c. 4300–4000 cal. BC). *Journal of Archaeological Science* 49, 572-584.

Kroezenga, P., J.N. Lanting, R.J. Kosters, W. Prummel & J.P. de Roever, 1991. Vondsten van de Swifterbantcultuur uit het Voorste Diep bij Bronneger (Dr.). *Paleo-aktueel* 2, 32-36.

Peeters, H., W-J. Hogestijn & T. Holleman, 2004. *De Swifterbantcultuur. Een nieuwe kijk op de aanloop naar voedselproductie*. Uniepers, Abcoude.

Prummel, W., D.C.M. Raemaekers, S.M. Beckerman, N. Bottema, R. Cappers, P. Cleveringa, I. Devriendt & H. de Wolf, 2009. Terug naar Swifterbant. Een kleinschalige opgraving te Swifterbant-S2 (gemeente Dronten). *Archeologie* 13, 17-45.

Raemaekers, D.C.M., 1999. *The Articulation of a 'New Neolithic'. The meaning of the Swifterbant Culture for the process of Neolithisation in the western part of the North European Plain.* (Archaeological Studies Leiden University 3). Proefschrift Universiteit Leiden.

Raemaekers, D.C.M., 2006. De spiegel van Swifterbant; rede uitgesproken bij de aanvaarding van het ambt van hoogleraar in de Pre- en Protohistorie van Noordwest-Europa bij de Faculteit der Letteren van de Rijksuniversiteit Groningen op 13 juni 2006. In: W.H.J. van der Most & H. Pruntel (red.), *Oud en Nieuw. Cultuur Historisch Jaarboek voor Flevoland* 16. Nieuw Land Erfgoedcentrum/ Stichting Uitgeverij de Twaalfde Provincie, 92-105.

Raemaekers, D.C.M., J. Geuverink, I. Woltinge, J. van der Laan, A. Maurer, E.E. Scheele, T. Sibma & D.J. Huisman, 2014. Swifterbant-S25 (gemeente Dronten, provincie Flevoland). Een bijzondere vindplaats van de Swifterbant-cultuur (ca. 4500-3700 cal. BC). *Palaeohistoria* 55/56, 1-56.

Vos, P. & S. de Vries, 2013. 2e generatie palaeogeografische kaarten van Nederland (versie 2.0). Deltares, Utrecht. Op 1-8-2016 gedownload van www.archeologieinnederland.nl.

3 Vegetatie en gebruik van plantaardige bronnen

Mans Schepers

Inleiding

De reconstructie van het krekensysteem van Swifterbant in **afb. 2.2** geeft een goed beeld van de vele vertakkingen die dit systeem had. Ook is op deze kaart duidelijk zichtbaar hoever de verschillende archeologische vindplaatsen uit elkaar liggen en hoe die zich verhouden tot de belangrijkste landschapseenheden. Naast de vele geulen, zijn dit de oeverwallen, de achter de oevers gelegen komgronden en de her en der in het gebied aanwezige rivierduinen.

De wijze waarop deze verschillende eenheden gevormd zijn bepaalt voor een belangrijk deel de overheersende bodemomstandigheden. Als het water in de waterlopen tot rust komt, bezinken op de bodem plantenresten en kleideeltjes die door de stroom meegevoerd waren.

Bij hoge waterstanden overstroomden de oeverwallen, waarbij zwaardere kleideeltjes werden afgezet. Deze zwaardere kleideeltjes bestonden uit aan elkaar geplakte kleinere deeltjes, een proces dat ontstaat als zout en zoet water zich mengen. Zand is vrijwel afwezig op de oeverwallen. De overstromingen waren sterk seizoensgebonden zoals dat ook nu langs de grote rivieren nog het geval is. In de zomermaanden stonden de hogere oeverwallen vrijwel altijd droog. De klei kon dan indrogen en hard worden en dan spreken we van 'rijping' van de klei.

Kleideeltjes die over de oeverwallen stroomden, kwamen in de permanent natte komgronden terecht. Omdat hier geen rijping plaatsvond, ontstonden slappe, natte kleilagen. Als zich in deze permanent natte kommen vegetatie begon te ontwikkelen, in eerste instantie meestal rietlanden, kon na enkele jaren een ophoping van plantenresten ontstaan: veen. Verderop zal ik ingaan op hoe verschillende vegetatie voor de groei van verschillende veensoorten zorgt. Naast slappe kleigronden en veengronden was ook open water aanwezig in de komgronden.

De hoge delen van de duinen overstroomden nooit, maar onder aan de flanken vond wel veenvorming plaats. Ook vandaag de dag steken deze duinen op enkele plekken nog boven de door klei gedomineerde Flevopolder uit. De grond van deze rivierduinen bestaat uit zand. Geen van de rivierduinen lag direct aan de grotere rivierarmen, hetgeen verklaart waarom weinig zand van de rivierduinen naar de oeverwallen getransporteerd werd.

Aan de hand van de voorgaande alinea's ontstaat een beeld van de diversiteit van het krekensysteem. Dit beeld is echter kaal en het landschap rond de Swifterbantnederzettingen was dat zeker niet. De verschillende landschapseenheden en de daaraan gekoppelde bodemsoorten waren begroeid met een grote diversiteit aan planten. Doordat uit het achterland een constante aanvoer van mineralen plaatsvond, was sprake van een bijzonder weldadige vegetatie, die was gedomineerd door planten die het goed doen in vochtige tot natte, voedselrijke omstandigheden. De vegetatie zelf had daarnaast ook weer uitwerking op de vorming van het landschap. De nooit overstroomde rivierduinen vormen de enige uitzondering hierop.

In dit hoofdstuk wordt allereerst ingegaan op de natuurlijke vegetatie van het Swifterbantgebied. Na een korte inleiding in de methoden die gebruikt worden om iets over de plantengroei in het verleden te weten te komen, bespreek ik per landschapseenheid de belangrijkste soorten vegetatie. Deze reconstructie van de diversiteit aan vegetatie wordt vervolgens gebruikt om te illustreren welke in het gebied aanwezige planten door de mens gebruikt konden worden. Daarbij komt ook aan de orde of er aanwijzingen zijn voor grootschalige aanvoer van planten uit andere landschapstypen en welke gewassen er lokaal verbouwd konden worden. Dit hoofdstuk richt zich uitsluitend op de situatie tijdens de bewoning van de oeverwallen, tussen 4300 en 4000 v. Chr.

Methodes en onderzoeksgeschiedenis

De huidige Flevopolder behoort tot wat Holoceen Nederland genoemd wordt. Dit betekent dat de bovenste sedimenten in deze gebieden grotendeels gevormd zijn na de ijstijden. Deze gronden bestaan voor een belangrijk deel uit klei- en veengronden. Onder invloed van de zeespiegelrijzing heersten in deze gebieden natte en vochtige omstandigheden. Ook ten tijde van de Swifterbantbewoning ging deze stijging door, maar wel minder snel, waardoor er bewoning mogelijk was. De natte omstandigheden zijn ideaal voor de conservatie van onverbrande plantaardige resten, zowel op de vindplaatsen als in de geulen en in de komgronden. Wel zijn veel van de zachtere sedimenten in de komgronden in latere perioden weggeslagen.

Door deze goede conserveringsomstandigheden heeft archeobotanisch onderzoek vanaf het begin al onderdeel uitgemaakt van de opgravingen in Swifterbant. De eerste voorlopige resultaten werden in 1977 gepresenteerd door Casparie *et al.* Voor die studie werden zowel stuifmeel ('palynologie') als hout en zaden[1] onderzocht. In 1981 publiceerden Van Zeist & Palfenier-Vegter een uitgebreide analyse van zaden en mossen van de nederzetting Swifterbant S3. Deze publicatie is tot op de dag van vandaag de basis voor onze kennis van de vegetatie ten tijde van de bewoning. Gegevens uit de opgravingen op Swifterbant S4 en S25 hebben onze kennis over de vegetatie nog verdiept.

De vegetatieanalyses zijn voornamelijk gebaseerd op onderzoek aan zaden. Bij dit type onderzoek wordt een grondmonster uit een opgraving in het laboratorium nauwkeurig gezeefd, waarna met gebruik van een microscoop alle zaden uit het overblijvende residu gehaald worden. Voor zaden is het vaak mogelijk precies te zeggen van welke soort ze afkomstig zijn. Hoe meer soorten er herkend kunnen worden, hoe gedetailleerder de reconstructie is die op basis van de gegevens gemaakt kan worden.

Van groot belang hierbij is de locatie van bemonstering. De vegetatie midden in de nederzetting zal gedomineerd zijn geweest door een selectie van planten die het goed doen als onkruid. Binnen de gehele Nederlandse archeobotanische studie van zaden, vaak gericht op de analyse van monsters uit nederzettingen, is dit type planten dan ook overgerepresenteerd. Wel zorgden de dynamiek van het landschap en menselijk handelen ervoor dat ook resten van planten uit omringende vegetatietypen in de monsters uit de nederzetting werden aangetroffen. Bij de analyses van de monsters uit de kreek naast de nederzetting Swifterbant S4 kwam inderdaad een natuurlijker beeld naar voren dan uit de monsters uit de nederzettingslagen van S3. Hiermee wordt dus ook inzicht verkregen in de mate van menselijke invloed op het landschap.

Vegetatie in en aan de geulen en in open water in de komgronden

Voor het krekensysteem van Swifterbant is niet precies duidelijk welke delen gelijktijdig actief zijn geweest. Zo zijn er bijvoorbeeld aanwijzingen dat Swifterbant S3 en S4 eigenlijk één nederzetting zijn en dat de kleine zijtak van het systeem die tussen de nederzettingen loopt, een erosieve uitbraak betreft in een latere fase van de bewoning. In ieder geval is duidelijk dat er grote verschillen zijn in het formaat van de verschillende stromen.

1 Tenzij meer detail nodig is, wordt 'zaden' hier voor de leesbaarheid gebruikt voor alle botanische macroresten. Naast zaden zijn dit bijvoorbeeld vruchten, knoppen en aarspilfragmenten.

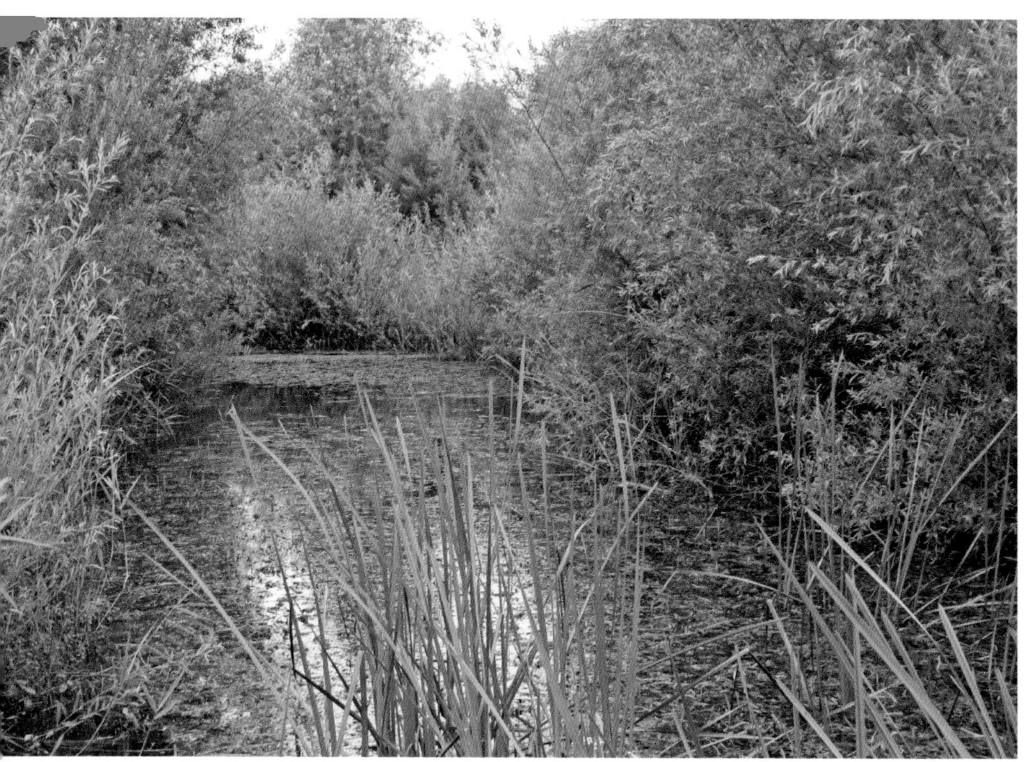

Afb. 3.1 ▹ Kreekarm met wilgen bij Millingen aan de Rijn. Foto: auteur.

Langs de hoofdstroom van het systeem en op de lagere oeverwallen groeiden veel wilgen. Wilgen zijn bomen die goed kunnen groeien in een gebied met grote seizoenswisselingen in de waterstand. 's Zomers kunnen ze droog staan en 's winters behoorlijk ver onder water zonder dat ze daaraan doodgaan. Door wilgen gedomineerde natte bossen langs rivierarmen noemen we wilgenvloedbossen (**afb. 3.1**). Op open plekken langs de oevers ontstonden ruigtevegetaties met bijvoorbeeld ganzenvoet (*Chenopodium*), grote brandnetel (*Urtica dioica*), wolfspoot (*Lycopus europaeus*), bitterzoet (*Solanum dulcamara*) en veerdelig tandzaad (*Bidens tripartita*).

In oude, verlandende geulen ontstonden permanent natte elzenbroekbossen met, naast elzen (*Alnus glutinosa*), soorten als gele lis (*Iris pseudacorus*), hoge cyperzegge (*Carex pseudocyperus*) en hop (*Humulus lupulus*). In de rustiger delen van de kreken groeiden waterplanten als fonteinkruiden (*Potamogeton*) en waterlelies (*Nymphaea alba*). Ook konden in de rustiger delen in dieper water verscheidene biezensoorten groeien, zoals ruwe

Afb. 3.2 ▸ Riet en biezen langs een oever in het Lauwersmeergebied. Foto: auteur.

bies (*Schoenoplectus tabernaemontani*) en heen (*Bolboschoenus maritimus*) (**afb. 3.2**). Riet (*Phragmites australis*) en lisdodde (*Typha*) kwamen langs de grotere stromen minder voor en moeten meer in de komgronden gezocht worden. In deze komgronden zijn zachte kleilagen met veel rietresten aangetroffen, kenmerkend voor uitgestrekte rietlanden.

Vegetatie op de oeverwallen en op de duinen

Op de hoge oeverwallen had zich een voedselrijk loofbos ontwikkeld met essen (*Fraxinus excelsior*), hazelaars (*Corylus avellana*), meidoorns (*Crataegus monogyna*) en wilde appels (*Malus sylvestris*). Een dergelijk hardhoutooibos wordt typisch aangetroffen langs rivieren waar af en toe overstroming plaatsvond, maar niet zo vaak en lang als in de delen waar wilgen domineren. Opvallend is dat er noch in de monsters uit de nederzettingen S2 en S3, noch in het vloedmerk dat in de geul naast S4 verzameld is, eikels zijn aangetroffen. Dit is een indicatie dat geen van de oeverwallen lang genoeg droog bleef om grote eiken tot ontwikkeling te laten komen. Grote eiken stonden wel op de duinen, zo blijkt uit de vondst van eikenbladeren en eikels aan de rand daarvan. Dat de oeverwallen in de perioden dat er bewoning heeft plaatsgevonden behoorlijk vochtig konden zijn, blijkt ook uit het feit dat op de nederzettingen dikke pakketten riet zijn waargenomen. Hiermee werden de oevers kunstmatig opgehoogd en daarmee beter begaanbaar. Mogelijk vond deze ophoging plaats als de Swifterbanters de plek net na aankomst bewoonbaar wilden maken.

Rondom de nederzetting waren deze oeverwallen opener. Dit kwam voor een belangrijk deel door direct menselijk handelen, zoals het kappen van bomen en ook doordat vee graasde op graslanden op die oeverwallen. In de nederzetting en op de kleine akkertjes stond vegetatie die zich aan menselijke inmenging wist aan te passen (zie onder). Voor enkele zeer algemene planten, zoals de grote brandnetel (*Urtica dioica*), varkensgras (*Polygonum aviculare*), grote weegbree (*Plantago major*) en melganzenvoet (*Chenopodium album*) leidt het geen twijfel dat deze daartoe behoorden.

Hoe het plantendek van sterk door mensen beïnvloede vegetatie er precies heeft uitgezien, is moeilijk te bepalen. Hedendaagse landschappen die te vergelijken zijn met de gebieden rond de nederzettingen van Swifterbant, maken nu vrijwel zonder uitzondering deel uit van beschermde natuurgebieden als de Biesbosch, de Weerribben of de Gelderse Poort. Op oeverwallen vergelijkbaar met die van de nederzettingen rond Swifterbant, wordt dus niet meer gewoond. Daarmee ontbreekt een combinatie van factoren die zou kunnen leiden tot een nederzettings- en akkervegetatie die vergelijkbaar is met die van de Swifterbantnederzettingen.

Vegetatie in de komgronden

De vegetatie in de komgronden van Swifterbant is het moeilijkst te reconstrueren. In deze komgronden zijn nooit opgravingen uitgevoerd. Dit is enerzijds vanwege het feit dat de nederzettingen zich nu eenmaal niet in de komgronden bevonden, anderzijds omdat door klinkverschillen tussen de oeverwallen en de veen- en kleilagen in de komgronden moeilijk vast te stellen is welk niveau in de komgronden gelijktijdig is met de nederzettingen. Bovendien, zoals hierboven al genoemd, is een deel van deze vrij zachte komgrondvullingen 'opgeruimd' door de zee in een latere fase, na de bewoning.

Door verscheidene booronderzoeken in de omgeving van het krekensysteem van Swifterbant is wel het een en ander over deze delen bekend. In de komgronden direct ten noorden van het huidige dorp Swifterbant laten de niveaus die ongeveer gelijktijdig met de nederzettingen

Afb. 3.3 ▸ Elzenbroekbos met gele lis, zegges en brandnetels in Buchholz, Duitsland. Foto: auteur.

dateren, een afwisseling van veen- en kleilagen zien. Er is ook een variatie in de typen plantenresten in de veenafzettingen. Om dit beeld nog wat te verscherpen zijn van de top van dit veen op een aantal locaties analyses gedaan. De aanwezigheid van kranswieren (*Chara*), watervlooien (*Daphnia*) en een tandje van een vis, waarschijnlijk een karperachtige (Cyprinidae), toont aan dat ook in de komgronden open water aanwezig moet zijn geweest. Daarnaast werden grote stukken elzenhout, elzenproppen en brandnetelzaden aangetroffen, die wijzen op de aanwezigheid van elzenbroekbossen in de komgronden (**afb. 3.3**).

De waargenomen zachte kleilagen met rietresten duiden op uitgestrekte rietlanden. In een van de boringen werden grote aantallen resten van galigaan (*Cladium mariscus*) aangetroffen. Omdat deze resten bovendien niet alleen uit de vruchten, maar ook uit de vrij zachte omkleedsels daarvan bestonden, kon worden vastgesteld dat zich ter plaatse een galigaanmoeras bevond. Dit moeras grensde waarschijnlijk aan het eerder genoemde open water. Net als riet is galigaan een plant die in vrij monotone vegetaties kan optreden. Door de aanwezigheid van zowel galigaanmoerassen als rietmoerassen en elzenbroekbossen zijn in de komgronden verschillende met laagveenmoerassen geassocieerde veentypen aanwezig. Veen is simpelweg opgebouwd uit de planten die ter plaatse de vegetatie domineerden en waarvan de resten door permanent natte omstandigheden niet kunnen vergaan.

Doordat met enige regelmaat zeer voedselrijk water de kommen instroomde heeft zich nergens een hoogveenvegetatie ontwikkeld, zoals bij afgesloten vennen wel gebeurt. Hoogveenvegetaties bevonden zich niet in de directe omgeving van het krekensysteem, maar pas op grotere afstand.

Invloed van de zee en seizoensdynamiek

Het Swifterbantsysteem lag ver landinwaarts met aan de westkant slechts een relatief smalle opening naar de Noordzee. Desalniettemin stond het systeem in open verbinding met de zee. De overstromingen van de oeverwallen en komgronden van Swifterbant zijn het gevolg van het opwaarts stuwen van het water in het krekensysteem door zowel water vanuit de rivieren in het achterland als de zee in het westen. Aanwijzingen voor periodieke invloed van de zee komen uit meerdere ecologische bronnen naar voren.

Zaden zijn aangetroffen van zeekraal (*Saliconia europaea*), zeeaster (*Aster tripolium*) en zilte rus (*Juncus gerardii*). Deze soorten kunnen het in brakke tot zoete omstandigheden wel enige tijd uithouden, maar in een omgeving als die van Swifterbant, die absoluut zoet was, zullen ze het door hun gebrekkige concurrentiepositie snel hebben afgelegd tegen andere vochtminnende planten. Daarbij komt dat er van deze planten maar een enkel zaad is aangetroffen. In gebieden waar deze planten echt groeiden, zoals het terpengebied, treden de zaden van deze soorten in hoge aantallen in archeobotanische monsters op.

Invloed van de zee komt ook naar voren uit de schalen van kiezelwieren (diatomeeën). Van de typische kustsoorten zijn alleen maar gebroken schalen aangetroffen, wat erop duidt dat deze niet lokaal voorkwamen, maar met grote stormen over grote afstand moesten zijn aangevoerd. Ook werden enkele resten van zogenaamde gaatjesdragers (foraminiferen) in de monsters uit de komgronden aangetroffen. Deze foraminiferen worden als een duidelijke indicator voor overstroming met zeewater beschouwd.

Deze waarnemingen, in combinatie met de vegetatiereconstructie, maken het mogelijk een uitspraak te doen over de aard van de bewoning ter plaatse. Op de oeverwallen zelf was permanente bewoning uitermate onwaarschijnlijk. Voor de gehele bewoningsperiode, met name uit de opgravingsvlakken en -profielen van Swifterbant S3, komt een beeld naar voren van een landschap dat jaarlijks met meerdere grote overstromingen te maken had. Die zorgden voor een weldadig landschap, maar ook voor gedwongen tijdelijke verlating van het gebied in de herfst- en wintermaanden.

Dit blijkt ook al uit waarnemingen tijdens de opgravingen zelf, waarbij tussen de verschillende vondstniveaus vrij schone kleilagen werden aangetroffen. Natuurlijk zullen die overstromingen niet in alle jaren even dramatisch of veelvuldig geweest zijn, maar bijzonder nat was het zeker. De mensen van de Swifterbantcultuur zullen dus op een gegeven moment in het najaar de hogere gronden in het pleistocene achterland opgezocht hebben of richting de duinen aan de kust zijn gegaan, om vervolgens in het voorjaar weer terug te keren.

Graanverbouw

In een weelderig landschap als in het krekensysteem van Swifterbant hebben de mensen op allerlei verschillende manieren gebruik gemaakt van de planten die er groeiden. Van heel veel van die gebruiksvormen zijn we in de loop der jaren veel te weten gekomen.

Al sinds de vroegste opgravingen in Swifterbant is er discussie over of er nu wel of niet lokaal graan verbouwd is. Dat er lokaal iets verbouwd werd, is gebleken uit de vondst van een akker op de vindplaats Swifterbant S4. Maar wat werd daar verbouwd? Er zijn geen aanwijzingen dat dat iets anders dan graan kan zijn geweest. Andere gewassen, zoals vlas, erwten en papaver, die de mensen van de bandkeramiek al wel verbouwden, zijn te Swifterbant niet aangetroffen. Gezien de goede conserveringsomstandigheden ter plaatse, is het gerechtvaardigd om te concluderen dat die dan ook niet aanwezig zijn geweest.

Pollenonderzoek aan de akkerniveaus zelf heeft geen hoge percentages graanpollen opgeleverd. Dit is enerzijds te verklaren doordat de graansoorten die in Swifterbant zijn aangetroffen zogenaamde zelfbestuivers zijn. Van deze soorten komt weinig pollen in de vrije lucht terecht. Pollenonderzoek aan akkers levert eigenlijk nooit hoge percentages graanpollen op. Anderzijds is in een open landschap als bij Swifterbant een voortdurende aanvoer van klei ervoor verantwoordelijk dat veel nieuw pollen van allerlei planten afgezet wordt en dus de relatieve hoeveelheid graanpollen bijzonder laag blijft.

Wel is midden in de akkerlaag een duidelijke toename zichtbaar van typische akkeronkruiden en kwam uit vegetatiekundige analyses zelfs een gedeeltelijke overeenkomst met hedendaagse akkervegetaties naar voren. Deze laatste analyses gaan niet uit van de losse planten, die behalve op akkers nog op vele andere typen standplaatsen voorkomen, maar van de combinatie van planten. Zeker dit soort sterk door mensen beïnvloede typen vegetatie zal er in het verleden echter wezenlijk anders uit hebben gezien dan de onkruidvegetatie in een moderne akker op de klei.

Afb. 3.4 ▸ Dwarsdoorsnede van een verkoolde prehistorische graankorrel van emmertarwe, vindplaats S4 (links) en van een recente korrel van dezelfde soort (rechts). Foto: auteur.

Afb. 3.5 ▸ Gebroken aarspilfragment van gerst, vindplaats Swifterbant S4. Foto: R.T.J. Cappers.

Afb. 3.6 ▸ Verkoold klokhuis van wilde appel van twee kanten, vindplaats Swifterbant S4. Foto: R.T.J. Cappers.

Waar bij meer natuurlijke vegetaties vooral natuurlijke veranderingen tot een andere samenstelling van de vegetatie leiden, spelen op moderne akkers veranderingen in menselijke gewoonten een rol. We verbouwen andere gewassen, bemesten anders, bewerken de grond anders en hebben uitermate effectieve vormen van onkruidbestrijding ontwikkeld.

Om welke granen ging het? Verbrande graankorrels en in mindere mate kafresten van zowel naakte gerst (*Hordeum vulgare* var. *nudum*) als emmertarwe (*Triticum turgidum* subsp. *dicoccon*) (**afb. 3.4**) zijn veelvuldig aangetroffen, naakte gerst in grotere aantallen dan emmertarwe. De dominantie van gerst in het aangetroffen materiaal betekent naar alle waarschijnlijkheid dat naakte gerst meer werd verbouwd dan emmertarwe. Van naakte gerst zijn niet alleen korrels teruggevonden, maar ook enkele aarspilfragmenten (**afb. 3.5**). Van gerst is bekend dat het een graansoort is die het onder wat moeilijker omstandigheden beter doet dan tarwe. Het is dan ook geen toeval dat twee van de inheemse wilde gerstsoorten, veldgerst (*Hordeum secalinum*) en zeegerst (*Hordeum marinum*), vooral aan de kust voorkomen.

Andere voedselplanten

De rol van akkerbouw in de algehele voedselvoorziening was in Swifterbant nog lang niet zo groot als in de latere prehistorie. In het Swifterbantgebied werden volop wilde planten verzameld. Van een aantal hiervan is dat met zekerheid aangetoond. Het gaat dan met name om hazelnoten (*Corylus avellana*), die met grote frequentie in de nederzettingslagen zijn gevonden, en om de wilde appel, waarvan verkoolde klokhuizen duiden op de consumptie van in het wild verzamelde appels (*Malus sylvestris*, **afb. 3.6**). De lijst met waarschijnlijke voedselplanten is echter nog veel groter. Zo hadden de bewoners van het krekensysteem de beschikking over verschillende besvruchten zoals bramen (*Rubus fruticosus*), vlierbessen (*Sambucus nigra*), meidoorns (*Crataegus monogyna*) en rozenbottels (*Rosa*). Van al deze planten is het waarschijnlijk dat ze vroeger gegeten zijn.

Veel minder zeker is dat voor de vruchten van de op de rivierduinen groeiende eiken, de eikels. Eikels zijn alleen rond de rivierduinen aangetroffen, waardoor geconcludeerd kan worden dat ze kennelijk niet verzameld werden en naar de nederzettingen op de oeverwallen werden gebracht. Het eten van eikels vereist extra verwerkingsstappen omdat eikels niet zomaar voor menselijke consumptie geschikt zijn. De hoorn des overvloeds die het Swifterbantgebied in de zomerseizoenen was, maakte het eten van eikels door mensen onnodig.

Natuurlijk kunnen er ook andere delen van planten gegeten worden dan de zaden en de vruchten en dat zal ook zeker gedaan zijn. Blad

Afb. 3.7 ▸ Hop in vrucht bij Eelde. Foto: auteur.

en wortels van verscheidene wilde planten zoals speenkruid (*Ficaria verna*), lisdodde (*Typha*) en zuring (*Rumex*) zullen een rol hebben gespeeld in de voedselvoorziening, maar bijvoorbeeld ook de geurige hop zal ongetwijfeld opgemerkt zijn (**afb. 3.7**) Nog veel meer kruiden die in Swifterbant zijn aangetoond, zijn eetbaar: brandnetel, muur, melde, melganzevoet, herderstasje, kleefkruid, duizendknoopsoorten, weegbree en jonge scheuten van de es.

Veel bollen of wortels zijn gekookt te eten of er is meel van te maken, bijvoorbeeld van de waterweegbree, grote klis, distels, biezen, waterlelie en lisdodde. Het zaad van herderstasje, biezen, kleefkruid, mannagras, waterlelie en riet kan worden gekookt of tot meel verwerkt. Voor 'thee' en smaakmakers kun je berkenblad, muur, herderstasje, waternavel, watermunt en bijvoet gebruiken. Het verharde sap uit een rietstengel schijnt een snoepje te zijn. Berkensap is een tonicum. Er zijn relatief veel zaden gevonden van de gevlekte scheerling. Deze giftige plant kan gebruikt zijn voor het maken van gif of – in kleinere concentratie – als kalmerend middel.

Ander gebruik van planten en herkomst

Planten werden niet alleen gebruikt om te eten. Eerder noemde ik al dat riet gebruikt is om de nederzettingen beter begaanbaar te houden. Hout werd gebruikt als brandstof en bouwmateriaal. Op de vindplaatsen op de oeverwallen zijn veel aangepunte palen aangetroffen. Deze bestonden vooral uit elzenhout (*Alnus*), maar ook hout van bijvoorbeeld eik (*Quercus*) en wilg (*Salix*) is aangetroffen. Opvallend is dat aan de rand van het rivierduin geen hazelaar is gevonden, terwijl dit wel is aangetroffen op de oeverwallen. Het is niet ondenkbaar dat men in de buurt van de nederzetting gezorgd heeft dat er vruchtbomen stonden, zoals de hazelaar en de wilde appel.

Het hout van essen, elzen en eiken werd gebruikt voor het maken van gebruiksvoorwerpen. Meer hierover in hoofdstuk 5. Het aandeel van elzenhout in het bewerkte hout is bijzonder groot. Dit geeft aan dat elzenhout, waarschijnlijk voor een belangrijk deel afkomstig uit de broekbossen, ruim voorhanden was. Elzen, essen en hazelaars kunnen ter plekke gekapt zijn, het eikenhout moet van verder weg komen. Dat eiken beperkt beschikbaar waren blijkt uit het feit dat eikenhout veel minder is aangetroffen, terwijl dit hout in principe beter geschikt is voor het maken van stevige constructies, zoals huizen. Dit past overigens in het beeld van seizoensbewoning. Op de oeverwallen was het niet zinvol te investeren in de bouw van enorme huizen, als ingecalculeerd was dat de oeverwallen in het naseizoen en de winter weer zouden worden verlaten en waarschijnlijk meermalen overstroomden.

Gebruik van het landschap

De bewoners van het rivierensysteem wisten welke plantaardige hulpbronnen aanwezig waren in het gebied en maakten daar volop gebruik van. Grote delen van de oeverwallen waren vrij open, deels mogelijk als gevolg van menselijke ingrepen, maar waarschijnlijk ook voor een belangrijk deel door de natuurlijke dynamiek van het rivierensysteem. Daardoor waren de oeverwallen ook geschikt om daar een bescheiden veestapel te laten grazen. Uit de broekbossen en delen van de oeverwallen kwamen de hazelnoten, bramen en andere vruchten. De rivierduinen zullen wel gebruikt zijn voor jacht en rituelen, maar plantaardig voedsel werd daar waarschijnlijk niet vandaan gehaald. Dat bij de opgravingen bij het rivierduin nauwelijks hazelnoten zijn gevonden, en helemaal geen graan of appels, geeft aan dat daar tussen 4300 en 4000 v. Chr. waarschijnlijk niet gewoond werd. Mogelijk gebruikten de Swifterbanters de duinen in deze fase wel om hun doden te begraven.

Slot

De prehistorische bewoners van het gebied trokken pas in het voorjaar het gebied in als de omstandigheden op de oeverwallen weer rustig genoeg waren. In die seizoenen bood het landschap alles wat de mensen nodig hadden om in hun dagelijkse behoeften te voorzien. Omdat de intentie niet was om daar het hele jaar te zitten, werd niet de moeite genomen om van veraf hard (constructie)hout in te voeren. De eikenhouten peddel zou dan laten zien dat de Swifterbanters per kano moeten zijn aangekomen van een gebied waar eiken groeien. De variëteit aan voedselbronnen die het landschap bood, zowel dierlijk als plantaardig, maakten het niet nodig voedsel van elders in te voeren. Graan, in het Swifterbantgebied gekweekt op kleine, moestuinformaat-akkertjes, was een welkome aanvulling op de voeding, maar werd niet op grote schaal van elders ingevoerd.

Literatuur

Bakels, C.C., 1978. *Four linearbandkeramik settlements and their environment: a palaeoecological study of Sittard, Stein, Elsloo and Hienheim*. Proefschrift Universiteit Leiden.

Cappers, R.T.J. & D.C.M. Raemaekers, 2008. Cereal cultivation at Swifterbant? Neolithic wetland farming on the North European Plain. *Current Anthropology* 49, 385-402.

Casparie, W.A., B. Mook-Kamps, R.M. Palfenier-Vegter, P.C. Struijk, W. van Zeist, 1977. The palaeobotany of Swifterbant: a preliminary report. *Helinium* 17, 28-55.

Deckers, P.H., J.P. de Roever & J.D. van der Waals, 1980. Jagers, vissers en boeren in een prehistorisch getijdengebied bij Swifterbant. *Z.W.O.-Jaarboek 1980, verslagen en beschouwingen*, 111-145.

Ente, P.J., 1976. The geology of the northern part of Flevoland in relation to the human occupation in the Atlantic time. *Helinium* 16, 15-36.

Hillman, G., 1991. Phytosociology and ancient weed floras: taking account of taphonomy and changes in cultivation methods. In: D.H. Harris & K.D. Thomas (eds.), *Modelling ecological change. Perspectives from neoecology, palaeoecology and environmental archaeology*. London, University College London, 27-40.

Maurer, A., 2011. *Een studie naar de oevervegetatie van de Swifterbantvindplaats S-25 (Oostelijk-Flevoland) (6700–3700 v. Chr.)*. Masterscriptie Rijksuniversiteit Groningen.

Laan, J. van der, 2011. *"Uit het goede hout gesneden": een materiaalonderzoek aan het nat-geconserveerde hout van Swifterbant vindplaats S25*. Bachelorscriptie Rijksuniversiteit Groningen.

Louwe Kooijmans, L.P. 1993. Wetland exploitation and upland relations of prehistoric communities in the Netherlands. In: J. Gardiner (ed), *Flatlands and wetlands. Current themes in East Anglian Archaeology.* (East Anglian Archaeology 50). Norwich, Scole Archaeological Committee for East Anglia, 71-116.

Out, W.A., 2009. *Sowing the seed? Human impact and plant subsistence in Dutch wetlands during the Late Mesolithic and Middle Neolithic (5500–4300 cal BC)* (Archaeological Studies Leiden University 18). Proefschrift Universiteit Leiden.

Out, W.A., 2009. Reaction to "Cereal cultivation at Swifterbant? Neolithic wetland farming on the North European Plain". *Current Anthropology* 50, 253-254.

Out, W.A., 2010. Firewood collection strategies at Dutch wetland sites in the process of Neolithisation. *The Holocene* 20, 191-204.

Schepers, M. 2014. Wet, wealthy worlds: the environment of the Swifterbant river system during the Neolithic occupation (4300–4000 cal BC). *Journal of Archaeology in the Low Countries* 5, 79-105.

Schepers, M., J.F. Scheepens, R.T.J. Cappers, O.F.R. van Tongeren, D.C.M. Raemaekers & R.M. Bekker, 2013. An objective method based on assemblages of subfossil plant macro-remains to reconstruct past natural vegetation: a case study at Swifterbant, the Netherlands. *Vegetation History and Archaeobotany* 22, 243-255.

Zeist W. van, & R.M. Palfenier-Vegter, 1981. Seeds and fruits from the Swifterbant S3 site. Final reports on Swifterbant IV. *Palaeohistoria* 23, 105-168.

NEDERLANDSE NAAM/FREQUENTIE	WETENSCHAPPELIJKE NAAM	GEBRUIKTE ONDERDELEN
Huisdieren		
Varken +++	*Sus domesticus*	vlees, huid, pezen
Rund +++	*Bos taurus*	vlees, huid, pezen, botten, tanden
Schaap (en/of geit) +	*Ovis aries (en/of Capra hircus)*	vlees, huid, pezen
Hond +	*Canis domesticus*	jachthond, waakdier, tanden
Gejaagde wilde zoogdieren		
Wild zwijn +++	*Sus scrofa*	vlees, huid, pezen, botten, tanden
Bever +++	*Castor fiber*	vlees, pels, pezen
Edelhert +++	*Cervus elaphus*	vlees, pels, pezen, botten, gewei
Otter ++	*Lutra lutra*	vlees, pels, pezen, tanden
Eland +	*Alces alces*	vlees, pels, pezen
Ree +	*Capreolus capreolus*	vlees, pels, pezen, botten
Das +	*Meles meles*	pels, vlees, pezen
Wilde kat +	*Felis silvestris*	pels, pezen, vlees?
Vos +	*Vulpes vulpes*	pels, pezen, vlees?
Bunzing +	*Mustela putorius*	pels, pezen, vlees?
Boom- en/of steenmarter +	*Martes martes* en/of *M. foina*	pels, pezen, vlees?
Mol +	*Talpa europaea*	pels?
Bruine beer +	*Ursus arctos*	pels, pezen, vlees
Oeros +	*Bos primigenius*	vlees, huid, pezen
Paard +	*Equus ferus*	tanden, botten
Gewone zeehond +	*Phoca vitulina*	pels, vlees?, pezen
Vissen		
Snoek +++	*Esox lucius*	vlees
Meerval +++	*Silurus glanis*	vlees, botten
Brasem ++	*Abramis brama*	vlees
Blankvoorn ++	*Rutilus rutilus*	vlees
Rietvoorn ++	*Scardinius erythrophthalmus*	vlees
Zeelt ++	*Tinca tinca*	vlees
Baars ++	*Perca fluviatilis*	vlees
Steur ++	*Acipenser* sp.	vlees
Paling +	*Anguilla anguilla*	vlees
Pos +	*Acerina cernua*	vlees
Dunlip-, goud- of diklipharder +	Mugilidae	vlees
Bot +	*Platichthys flesus*	vlees
Zalm/zeeforel +	*Salmo salar/S. trutta*	vlees
Vogels		
Wilde eend +	*Anas platyrhynchos*	vlees, veren?
Gans, onbepaald +	*Anser* sp. / *Branta* sp.	vlees, veren?
Knobbelzwaan +	*Cygnus olor*	vlees, veren?
Kuifeend +	*Aythya fuligula*	vlees, veren?
Bergeend +	*Tadorna tadorna*	vlees, veren?
Zeearend +	*Haliaeetus albicilla*	vlees?, veren?
Zwarte kraai +	*Corvus corone*	vlees?
Gaai +	*Garrulus glandarius*	vlees?, veren?
Kraanvogel +	*Grus grus*	vlees, botten, veren?
Aalscholver +	*Phalacrocorax carbo*	vlees?
Roerdomp +	*Botaurus stellaris*	vlees?, veren?
Fuut +	*Podiceps cristatus*	vlees?, veren?
Zilvermeeuw +	*Larus argentatus*	vlees?
Niet-geëxploiteerde wilde fauna		
Noordse woelmuis	*Microtus oeconomus*	-
Woelrat	*Arvicola terrestris*	-
Pad	*Bufo bufo*	-
Groene kikker-complex	*Rana esculenta* complex	-

Tabel 4.1 ▹ De aangetoonde diersoorten met de onderdelen van deze dieren die de Swifterbanters gebruikten in de vindplaatsen S2, S3, S4 en P14. Binnen elke subgroep zijn de diersoorten gerangschikt naar het gebruik door de bewoners: bovenaan staan de soorten waarvan de meeste resten zijn aangetoond, onderaan die met de kleinste aantallen resten; +++: veel gehouden/gevangen; ++: matig veel gevangen; +: weinig gehouden/gevangen.

4 Mens en dier in de Swifterbantcultuur

Wietske Prummel

Inleiding

De mensen die tussen 4400 en 4000 v. Chr. langs de geulen van het zoetwatergetijdengebied bij Swifterbant in Flevoland leefden, waren boeren, jagers en vissers. Zij waren de eerste veehouders in Midden-Nederland, maar maakten ook jacht op wilde zoogdieren, vissen en vogels.

Deze conclusies over het gebruik van dieren door de mens zijn gebaseerd op het onderzoek van de resten van dieren die bij de opgravingen op de vindplaatsen S2, S3 en S4 bij Swifterbant in Oostelijk Flevoland en op de vindplaats P14 bij Schokland in de Noordoostpolder te voorschijn zijn gekomen.

Huisdieren

Aan huisdieren hielden de Swifterbanters varkens, runderen, honden en schapen (**tabel 4.1**). Het varken was het meest gehouden huisdier, maar daarnaast had men ook runderen. Minder talrijk waren de honden, terwijl schapen slechts in zeer kleine aantallen voorkwamen. Varkens, runderen en schapen leverden de mensen vlees, vet, huiden en pezen. Botten en tanden dienden als grondstof voor werktuigen en sieraden. De honden waren jachthond en waakhond over het vee. Er zijn geen aanwijzingen dat de Swifterbanters honden aten.

Runderen en schapen leverden nog geen melk voor menselijke consumptie en de schapen nog geen wol. De huisdieren waren daarvoor in deze tijd nog niet geschikt; zij waren nog niet aan deze eigenschappen aangepast. Pas de boeren van de trechterbekercultuur, die ca. 3500 jaar v. Chr. in Nederland verschenen, ploegden met runderen hun akkers en nuttigden zelf melk van runderen en schapen. Schapen die wol leverden waren in Nederland pas rond 2000 v. Chr. aanwezig.

Jacht en visvangst

De jacht op zoogdieren was zeer belangrijk, onder meer voor hun vlees. De Swifterbanters jaagden veel op bevers (**afb. 4.1**), wilde zwijnen (**afb. 4.2**), edelherten en otters; de andere wilde zoogdieren waren min-

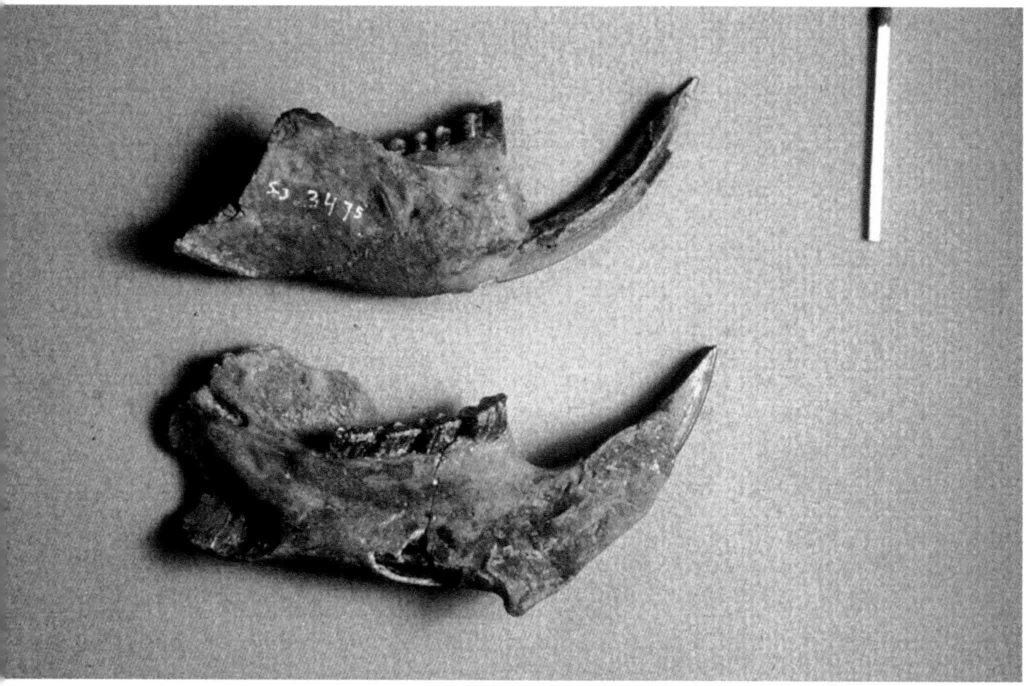

Afb. 4.1 ▸ Botten van bevers. Boven: een rechter- en een linkeronderkaak, vindplaats Swifterbant S4. Midden: een snijtand uit een onderkaak, vindplaats Swifterbant S4. Rechts: een opperarmbeen, vindplaats Swifterbant S3. Foto's links en rechts: Provinciaal Depot Bodemvondsten Flevoland; foto midden: auteur.

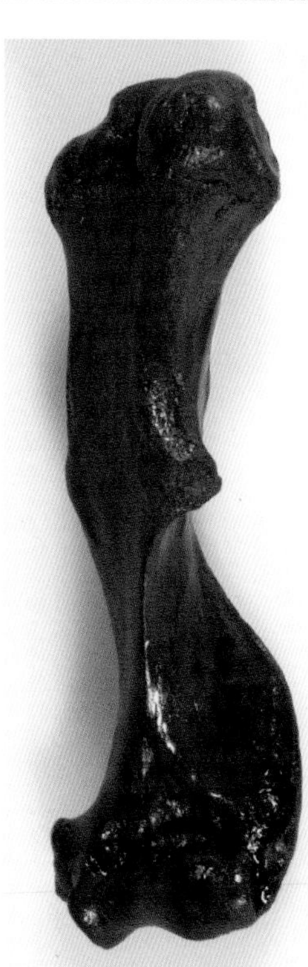

Afb. 4.2 ▸ Achterste kies (M3) uit de linkerbovenkaak van een wild zwijn, vindplaats Swifterbant S4. Foto: auteur.

Afb. 4.3 ▸ Wervel van een meerval, vindplaats Swifterbant S4. Foto: Heleen Kranenburg.

Afb. 4.4 ▸ Rechter praeoperculare (botje uit het kieuwdeksel) van een 27-29 cm lange brasem, vindplaats Swifterbant S2. Uit: Prummel *et al.* 2009, fig. 6.

der in trek (**tabel 4.1**). Naar de aantallen resten waren de wilde zoogdieren even belangrijk als de huisdieren. De jacht speelde dus een belangrijke rol in de voedselvoorziening.

Naast vlees leverde de jacht ook huiden en pelzen op. De mens had immers nog geen wol om zich in de winter tegen de kou te beschermen. De huiden van bevers, wilde zwijnen en edelherten waren dus welkom. Af en toe vingen de Swifterbanters dassen, wilde katten, vossen, bunzingen, marters, bruine beren en mollen om hun pels. Men verzamelde afgeworpen geweien van edelherten om er voorwerpen van te maken.

Tussen de botresten zaten er vijf van vermoedelijk wilde paarden. Van drie van de vijf zijn werktuigen gemaakt. Mogelijk zijn de paarden niet ter plekke geschoten maar namen de Swifterbanters deze botten en werktuigen van drogere gebieden mee.

De bewoners aten veel vis. Ten minste dertien vissoorten zijn in de onderzochte woonplaatsen aangetroffen (**tabel 4.1**). De meeste zijn zoetwatervissen. Snoek, meerval (**afb. 4.3**), karperachtigen (brasem (**afb. 4.4**), blankvoorn, rietvoorn en zeelt), baars en steur zijn het meest gevangen. De steur en de zalm/zeeforel leven in zee, maar trekken het zoete water op om zich voort te planten. De bot is een zeevis die ook vaak het zoete water ingaat en hetzelfde geldt voor de hardersoorten. De meeste vissen zullen in de wateren bij de woonplaatsen zijn gevangen.

Van dertien verschillende vogelsoorten zijn botten aangetoond (**tabel 4.1**), maar het aantal vogelresten is veel kleiner dan dat van zoogdieren of vissen. Vogels stonden kennelijk niet vaak op het menu.

Werktuigen

Vooral beenderen van wilde zoogdieren dienden voor het maken van voorwerpen. Dat geldt in de eerste plaats voor het gewei van edelhert, dat zich goed leent voor het vervaardigen van bijlen, zoals de bekende T-vormige geweibijlen (**afb. 4.5**). De Swifterbanters gebruikten deze bijlen vermoedelijk om hout te hakken en te bewerken. Er zijn veel afvalresten van de productie van deze bijlen gevonden (**afb. 4.6**). Van gewei is verder een mogelijke bijlvatting gemaakt.

Spaakbenen van runderen en oerossen gebruikten de Swifterbanters eveneens om er bijlen van te maken. Bijlen uit gewei of uit spaakbenen kunnen ook zijn gebruikt als hak om de grond open te scheuren van de akkertjes die de bewoners op de oevers van de geulen aanlegden.

Priemen, van verschillende grondstoffen, waren kennelijk belangrijke werktuigen. Er zijn er gesneden uit middenhands- en middenvoetsbeenderen van runderen, edelherten en reeën (**afb. 4.7 en 4.8**), uit gewei, maar ook uit een schouderblad van een edelhert en een middenvoetsbeen van

Afb. 4.5 ▸ T-vormige geweibijl gemaakt uit de basis van een gewei van een edelhert, vindplaats Emmeloord J97. Foto: Provinciaal Depot Bodemvondsten Flevoland.

Afb. 4.6 ▸ Ondereind van een afgeworpen gewei van een edelhert, vindplaats Swifterbant S4. Enkele cm boven de rozenkrans zit een hakspoor. Vermoedelijk is het afval van het maken van een geweibijl. Foto: auteur.

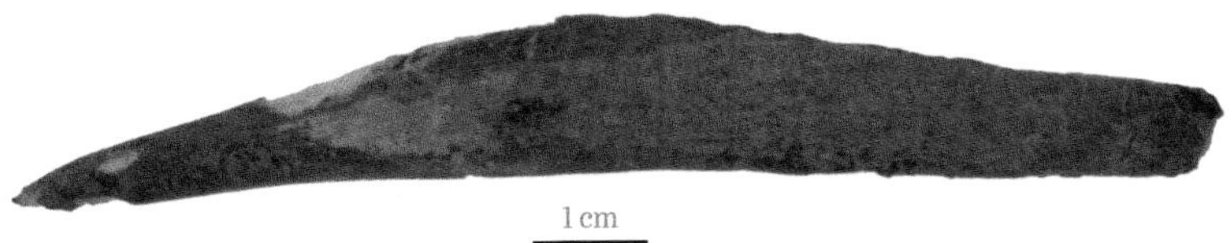

Afb. 4.7 ▸ Benen priem die met een vuurstenen werktuig werd gesneden uit een middenhands- of middenvoetsbeen van een edelhert, vindplaats Swifterbant S4. De bewerkingssporen zijn goed zichtbaar. Foto: auteur.

Afb. 4.8 ▸ Fragment van een benen priem gemaakt uit een middenhands- of middenvoetsbeen van een rund of een edelhert, vindplaats Swifterbant S4. Foto: auteur.

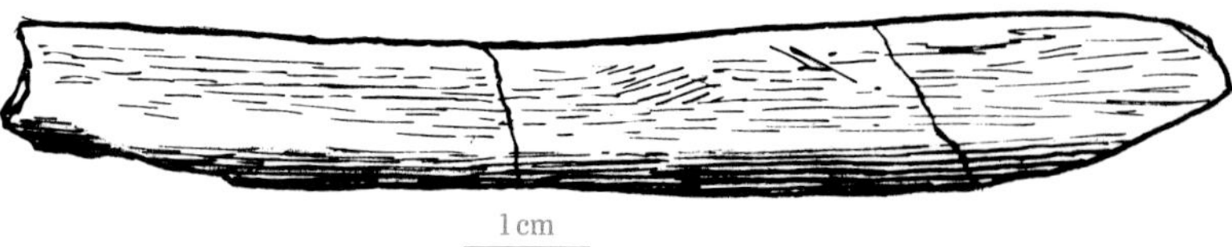

Afb. 4.9 ▹ Spatel gemaakt uit het kuitbeen van een wild zwijn, vindplaats Swifterbant S2. Uit: Prummel *et al.* 2009, fig. 7.

Afb. 4.10 ▹ Doorboorde snijtand uit de onderkaak van een wild zwijn, vindplaats Swifterbant S4, gebruikt als hanger of amulet. Foto: auteur.

Afb. 4.11 ▹ Hoektand uit de onderkaak van een vrouwelijk wild zwijn, vindplaats Swifterbant S4, gebruikt als hanger of amulet. Foto: auteur.

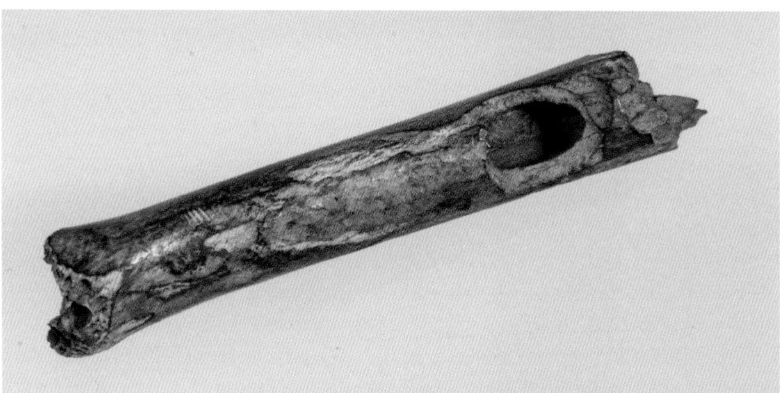

Afb. 4.12 ▹ Een fluitje gemaakt van een spaakbeen van een onbekende vogel, vindplaats Swifterbant S2. Foto: Provinciaal Depot Bodemvondsten Flevoland.

een paard. De kuitbenen van wilde zwijnen (en mogelijk varkens) fungeerden eveneens als grondstof voor priemen. Deze voorwerpen dienden voor het prikken van gaatjes in huiden en pelzen om deze aan elkaar vast te naaien of voor het boeten van visnetten en het vlechten van manden, visfuiken en dergelijke. Een kuitbeen van een wild zwijn was de grondstof voor een spatel (**afb. 4.9**).

Daarnaast waren tanden van wilde zwijnen geliefd om er voorwerpen van te maken. Uit de hoektanden van mannelijke wilde zwijnen sneed men beitels en messen. De Swifterbanters gebruikten de beitels mogelijk bij de bewerking van hout en huiden en de messen waarschijnlijk bij het slachten. Met een vuursteentje boorde men een gaatje in snij- en hoektanden van wilde zwijnen, in enkele snijtanden van runderen, paarden en otters, en in hoektanden van honden. Deze tanden konden vervolgens als hanger of amulet gedragen worden (**afb. 4.10 en 4.11**).

Ook uit twee meervalbotten maakte men voorwerpen: een doorboorde wervel diende als hanger (zie **afb. 8.2**), en uit een borstvinstekel is een priem gesneden. Bijzondere vondsten zijn een priem gemaakt uit een spaakbeen van een kraanvogel en een fluitje uit een spaakbeen van een onbekende vogel (**afb. 4.12**).

Seizoenbewoning of permanente bewoning

Onder de aangetoonde vissoorten zijn er enkele die alleen in het voorjaar of de vroege zomer in het rivierengebied bij Swifterbant aanwezig waren, omdat zij dan vanuit zee naar hun paaigebieden in de rivieren trokken. Dit zijn de steur en de zalm of de zeeforel, waarvan overigens slechts enkele resten zijn aangetroffen. De overige wilde diersoorten kunnen het gehele jaar in het krekengebied zijn voorgekomen. De pels van de bever, een door de Swifterbanters veel gejaagd zoogdier, is in de winter het dichtst. Bevervangst voor de pels kon dus het beste in de winter gebeuren.

Ook de afgeworpen geweien geven aanwijzingen voor menselijke activiteiten in een bepaald seizoen. Edelherten werpen hun gewei af in februari of maart. Een afgeworpen gewei moet snel verzameld worden, wil je het als grondstof kunnen gebruiken, anders wordt het opgegeten door de herten zelf of door muizen en andere dieren.

De dierlijke resten wijzen er niet op dat mensen alleen in een bepaald seizoen in het krekengebied bij Swifterbant aanwezig waren. In elk geval zijn ze er vanaf februari-maart tot in de zomer geweest voor de geweien en voor de vangst van de steur en zalm, en waarschijnlijk in de winter voor de pelsdieren. Vanwege de natte winters en de gelaagde structuur van de nederzettingslagen wordt verondersteld dat de Swifterbanters vaak alleen in de zomer in het geulengebied aanwezig waren. In de herfst zou-

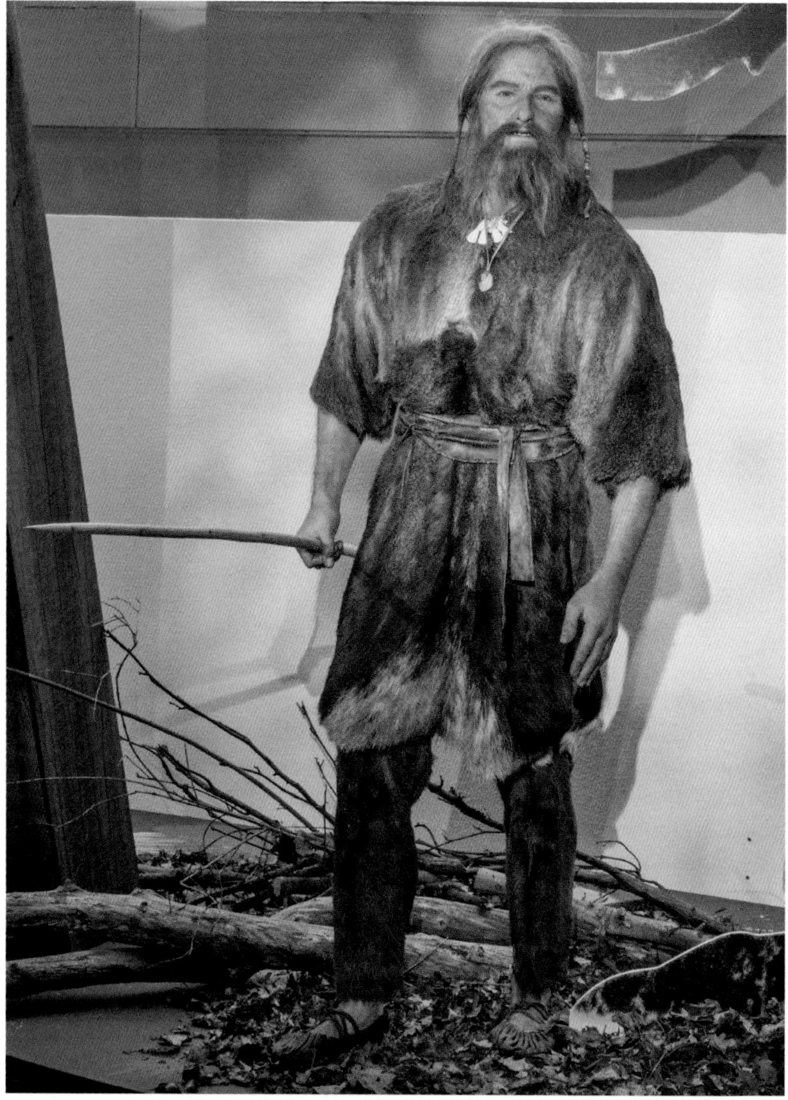

Afb. 4.13 ▸ Een Swifterbantman die op jacht gaat, zoals wij ons dat nu voorstellen; reconstructie op de tentoonstelling Oer! in Nieuw Land Erfgoedcentrum in Lelystad. Foto: ToonBeeld fotografie & vormgeving / Frans de Vries.

den zij met hun vee op stap zijn gegaan naar hun winterverblijfplaatsen, waar die dan ook lagen. Van daaruit zouden dan enkele jagers bij gunstige weersomstandigheden een jachtexpeditie kunnen hebben ondernomen naar het Swifterbantgebied om bijvoorbeeld bevers te vangen (**afb. 4.13**).

De rol van dieren bij rituelen

Uit de woonplaatsen bij Swifterbant zijn geen resten herkend van dieren die de Swifterbanters gebruikten bij rituele activiteiten, afgezien van de doorboorde tanden die mogelijk als amulet hebben gediend. Uit een vroegere fase van de Swifterbantcultuur, rond 4800 v.Chr., toen de mens nog geen huisdieren had buiten de hond, zijn enkele aanwijzingen voor het gebruik van wilde dieren bij rituelen bekend. Dit zijn in de eerste plaats twee complete edelhertgeweien en een zwart geblakerde kroon van een derde edelhertgewei, die met een pot van de vroege fase van de Swifterbantcultuur zijn aangetroffen in het Voorste Diep bij Bronneger (Drenthe) (zie **afb. 2.3**). Men heeft ze toen waarschijnlijk bij een of andere rituele of religieuze handeling in het water neergelaten.

Uit dezelfde periode dateren een edelhertgewei en edelhertbotten uit de vindplaats Hardinxveld-Giessendam De Bruin (Zuid-Holland). Deze lagen samen met stukken hout en stokken in rituele kuiltjes. Ook drie schedelfragmenten van oerossen met hun hoornpitten uit Almere - Hoge Vaart (Flevoland), met een datering tussen 5300 en 4200 v. Chr., stammen mogelijk uit een rituele depositie. Mensen van de Swifterbantcultuur plaatsten in de periode 4400-3500 v. Chr. vermoedelijk tijdens rituele handelingen schedels van oeros- en runderstieren in venen in Drenthe.

Landschap en fauna

De 'boeren-jagers-vissers-verzamelaars' uit de periode 4400-4000 v. Chr. bij Swifterbant legden hun woonplaatsen aan langs de geulen in een zoetwatergetijdengebied. Op de oevers en in de draslanden daarachter weidden zij hun vee. Voor varkens en runderen was het gebied geschikt, maar doordat het gebied erg nat was, was het minder geschikt om er schapen of geiten te houden. In drassig land met zoet water komt vaak de leverbotslak voor, die als tussengastheer fungeert voor de parasiet de leverbot. Vooral schapen zijn daar gevoelig voor. Deze slak kan alleen in een zoetwatermilieu overleven.

Er was in dit gebied volop gelegenheid om op wilde zoogdieren te jagen. Dat gold in de eerste plaats voor de bevers en otters, die vermoedelijk in grote aantallen in de geulen en kreken leefden. Op de oevers en in de komgronden achter de oevers kwamen wilde zwijnen en edelherten in flinke aantallen voor. De wilde diersoorten waar niet of weinig op gejaagd is (**tabel 4.1**), wijzen eveneens op een nat gebied.

Zoogdieren die van iets drogere gronden houden, zoals de das, de boom- en/of steenmarter, de oeros en de bruine beer (**afb. 4.14**), kunnen zijn gevangen op of bij de rivierduinen die op 1 tot 2 km afstand van de

Afb. 4.14 ⊳ Hoektand van een bruine beer, vindplaats Hoge Vaart A27. Foto: Provinciaal Depot Bodemvondsten Flevoland.

woonplaatsen langs de geulen lagen. De gewone zeehond bereikte het zoetwatergetijdengebied rond de woonplaatsen op eigen kracht. Deze soort zwemt regelmatig de rivieren op.

De geulen en kreken waren rijk aan zoetwatervis. Hierop wijzen de vele resten van zoetwatervissen. Ook de aangetoonde vogelsoorten komen allemaal in zoetwatergetijdengebieden voor.

Conclusie

Het zoetwatergetijdengebied bij Swifterbant bood de boeren-jagers-vissers-verzamelaars tussen 4400 en 4000 v. Chr. volop mogelijkheden hun varkens en runderen te hoeden en te jagen op wilde zoogdieren en vogels en om vissen te vangen. Zij aten van de dieren niet alleen het vlees maar gebruikten ook de huiden en pelzen als lichaamsbedekking, de pezen voor naaiwerk van kleding en leren tassen. Helaas is hiervan niets teruggevonden omdat huiden, pelzen en pezen niet bewaard zijn gebleven of omdat men kleding en tassen bij het wegtrekken meenam. Geweien en botten zijn gebruikt om er gereedschap als bijlen, beitels en priemen van te maken, en tanden, vooral die van wilde dieren, voor hangers of amuletten.

Literatuur

Brinkhuizen, D.C., 1976. De visresten van Swifterbant. *Westerheem* 25, 246-252.

Bulten, E.E. & A.T. Clason, 2001. The antler, bone and tooth tools of Swifterbant, the Netherlands (c. 5500-4000 cal. BC) compared with those from other Neolithic sites in the Netherlands. In: A.M. Choyke & L. Bartosiewicz (red.), *Crafting Bone: Skeletal Technologies through Time and Space. Proceedings of the 2nd meeting of the (ICAZ) Working Bone Research Group Budapest, 31 August - 5 September* 1999 (Bar International Series 937). Oxford, Archaeopress, 297-320.

Clason, A.T., 1978. Worked bone, antler and teeth. A preliminary report. *Helinium* 18, 83-86.

Clason, A.T. & D.C. Brinkhuizen, 1978. Swifterbant, mammals, birds, fishes. A preliminary report. *Helinium* 18, 69-82.

Gehasse, E.F., 1995. *Ecologisch-archeologisch onderzoek van het Neolithicum en de Vroege Bronstijd in de Noordoostpolder met de nadruk op vindplaats P14, gevolgd door een overzicht van de bewoningsgeschiedenis en de bestaanseconomie binnen de holocene delta.* Proefschrift Universiteit van Amsterdam.

Kroezenga, P., J.N. Lanting, R.J. Kosters, W. Prummel & J.P. de Roever, 1991. Vondsten van de Swifterbantcultuur uit het Voorste Diep bij Bronneger (Dr.). *Paleo-aktueel* 2, 32-36.

Louwe Kooijmans, L.P. & M. Nokkert, 2001, Sporen en structuren. In: L.P. Louwe Kooijmans (red.), *Archeologie in de Betuweroute, Hardinxveld-Giessendam De Bruin. Een kampplaats uit het Laat-Mesolithicum en het begin van de Swifterbant-cultuur (5500-4450 v. Chr.)* (Rapportage Archeologische Monumentenzorg 88). Amersfoort, 75-115.

Peeters, J.H.M. & J.W.H. Hogestijn, 2001. *De mesolithische en vroeg-neolithische vindplaats Hoge Vaart-A27 (Flevoland): Op de grens van land en water: jagers-vissers-verzamelaars in een verdrinkend landschap* (Rapportage Archeologische Monumentenzorg 79, deel 20). Amersfoort.

Prummel, W. & W.A.B. van der Sanden, 1995. Runderhoorns uit de Drentse venen. *Nieuwe Drentse Volksalmanak* 112, pp. 84-131.

Prummel, W., D.C.M. Raemaekers, S.M. Beckerman, J.N. Bottema-Mac Gillavry, R.T.J. Cappers, P. Cleveringa, I. Devriendt, H. de Wolf & J.T. Zeiler, 2009. Terug naar Swifterbant: een kleinschalige opgraving te Swifterbant-S2 (gemeente Dronten). *Archeologie* 13, 17-45.

Zeiler, J.T., 1997. *Hunting, fowling and stock-breeding at Neolithic sites in the western and central Netherlands*. Proefschrift Rijksuniversiteit Groningen. Groningen, ArchaeoBone.

Afb. 5.1 ▸ Twee gekloofde paaltjes van elzenhout, vindplaats Swifterbant S3.
Uit: Casparie *et al.* 1977, fig. 7.

5 Zesduizend jaar gebruik van hout als grondstof

André van Holk

Inleiding

Hout was en is nog steeds een belangrijke grondstof voor het vervaardigen van allerhande structuren en gebruiksvoorwerpen. Denk bijvoorbeeld aan dakconstructies, stelen van gereedschap en schepen. Waarom is het gebruik van hout altijd zo populair geweest? De eerste reden is dat hout zich vrij gemakkelijk laat bewerken. Zelfs – als we naar de steentijd kijken – met werktuigen gemaakt van steen en been. Ten tweede is hout relatief stevig en duurzaam. Ten derde is het een grondstof die vanaf het Atlanticum (7000 v. Chr.) in de vorm van dennen, berken en later gemengde loofbossen altijd ruim voorhanden was.

Uit paleobotanisch onderzoek is bekend dat ten tijde van de Swifterbantcultuur de oevers langs de kreken begroeid waren met loofbomen, voornamelijk elzen en essen (zie hoofdstuk 3). Eiken kwamen, naast essen, iepen en linden, vooral voor in de loofbossen op de hoger gelegen rivierduinen, hoewel een enkele eik ook wel langs de kreken groeide. Daar groeiden verder wilde appel, iep en mogelijk ook linde. Langs de lager gelegen randen van de oeverwallen kwam elzenbroekbos voor, dat naar de komgronden toe overging in wilgenstruweel. Populieren kunnen ook onder vochtige omstandigheden gedijen; mogelijk kwamen ze langs de rivierlopen en kreken voor.

Er stond de Swifterbanters dus een uitgebreid assortiment aan houtsoorten ter beschikking. Deze hadden elk hun eigen kenmerken qua duurzaamheid, mogelijkheden van bewerking en buigzaamheid. De Swifterbanters waren uitstekend op de hoogte van deze verschillende eigenschappen. Op grond van deze eigenschappen werd voor iedere toepassing de geschikte houtsoort gekozen.

Paaltjes en structuren

Veruit de grootste groep houten voorwerpen op vindplaats S3 in Oostelijk-Flevoland zijn de paaltjes en stokken die verticaal in de grond staken en verspreid over het nederzettingsterrein voorkwamen (**afb. 5.1 en 5.2**). De plattegrond van paaltjes en paalgaten lijkt op een sterrenhemel. Rond een centrale haard tekent zich toch een rechthoekige structuur van ca.

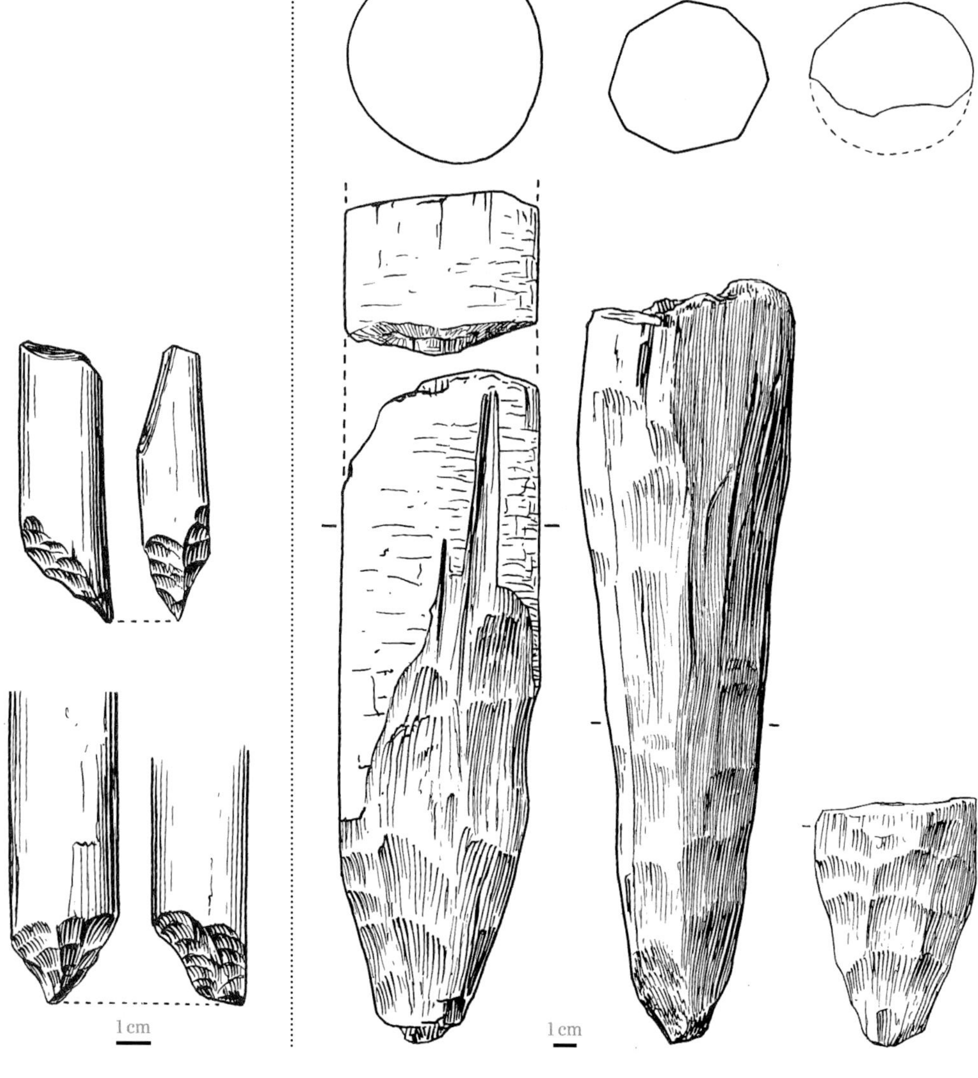

Afb. 5.2 ▸ Paaltjes van hazelaar met kapsporen van een bijl (rechts) en wilgenstokken door bevers afgeknaagd (links), vindplaats Swifterbant S3. Uit: Casparie *et al.* 1977, fig. 8 en 10.

4,5 x 7 m af, die vaak gerepareerd moet zijn. Voor de rest zijn er geen herkenbare patronen te zien. Waarschijnlijk is dit onontwarbare patroon ontstaan door de eeuwenlange seizoenbewoning waarbij tijdens elke bewoningsfase nieuwe palen in de grond werden geslagen.

In totaal zijn 250 paaltjes onderzocht op houtsoort, diameter en ouderdom van de gebruikte bomen. Opvallend is dat de meeste paaltjes dun zijn, met een diameter van 5-6 cm, gemaakt van de stammen van 10-20 jaar oude bomen. De grotere stammen, met een diameter van 10-11 cm, zijn afkomstig van 20-30 jaar oude bomen. De kleinste stammetjes hebben een diameter van 2 cm. De keuze voor dunnere paaltjes was bewust. Men was wel degelijk in staat dikkere bomen om te hakken en die kwamen ook voor. Mogelijk zijn de dunnere paaltjes geselecteerd vanwege hun buigzaamheid en daarmee geschiktheid om te dienen als geraamte voor een hut.

Aan één uiteinde zijn de paaltjes aangepunt, zodat ze gemakkelijk in de grond konden worden geslagen. Dat aanpunten kan op twee manieren. In de middensteentijd werd een klievende techniek gebruikt (**afb. 5.1**). De tweede manier, die in de nieuwe steentijd tot ontwikkeling kwam, hield in dat men met een bijl een punt aan een paal hakte (**afb. 5.2**). Beide technieken zijn op de vindplaats S3 gebruikt. Bevervraat kan soms worden aangezien voor haksporen.

Van 142 paaltjes is de houtsoort bepaald. Elzenhout is 57 keer gebruikt, met op de tweede plaats hout van de hazelaar (33) en op de derde van de es (19). Daarnaast komen er paaltjes voor van eik, wilg, berk, appel en populier. Opvallend is dat eikenhout weinig is gebruikt en iepenhout helemaal niet. Er is duidelijk geen keuze gemaakt voor duurzaam hout, voor een gebruik op de lange termijn. Elzenhout is niet echt duurzaam. Het gebruik is te verklaren door het ruim voorhanden zijn van elzen in de nabije omgeving.

Visweren en fuiken

Wie over de snelweg (A6) van Emmeloord naar Lelystad rijdt, gaat vlak na het knooppunt Emmeloord door een depressie in de weg. Die kuil is een overblijfsel van een verlande geul. Deze maakt deel uit van het prehistorische landschap dat onder het oppervlak verborgen ligt. In Flevoland zijn veel meer van dergelijke kuilen en hobbels in wegen waar te nemen, die verband houden met oude kreken en geulen, in Zuidelijk Flevoland bijvoorbeeld in de Vogelweg en de Tureluurweg.

Voordat in de Romeinse tijd het Almere en in de vroege middeleeuwen de Zuiderzee ontstonden, was het huidige Flevoland net als nu voornamelijk land. Het werd doorsneden door twee hoofdstromen: in de Noordoostpolder en Oostelijk Flevoland het IJssel-Vechtsysteem en in Zuidelijk Flevoland de Eem met zijrivieren. In beide riviersystemen zijn visweren en fuiken aangetroffen, die dateren uit de nieuwe steentijd en de bronstijd.

Bij opgravingen tussen 1999 en 2001 in de buurt van Emmeloord, langs de A6, zijn resten van ten minste tien visweren en 44 fuiken aangetroffen

Afb. 5.3 ▸ Visweer uit de late Swifterbantcultuur opgegraven bij Emmeloord.
Foto: Provinciaal Depot Bodemvondsten Flevoland.

Afb. 5.4 ▸ Het opgraven van een fuik uit de late Swifterbantcultuur bij Emmeloord.
Foto: Provinciaal Depot Bodemvondsten Flevoland.

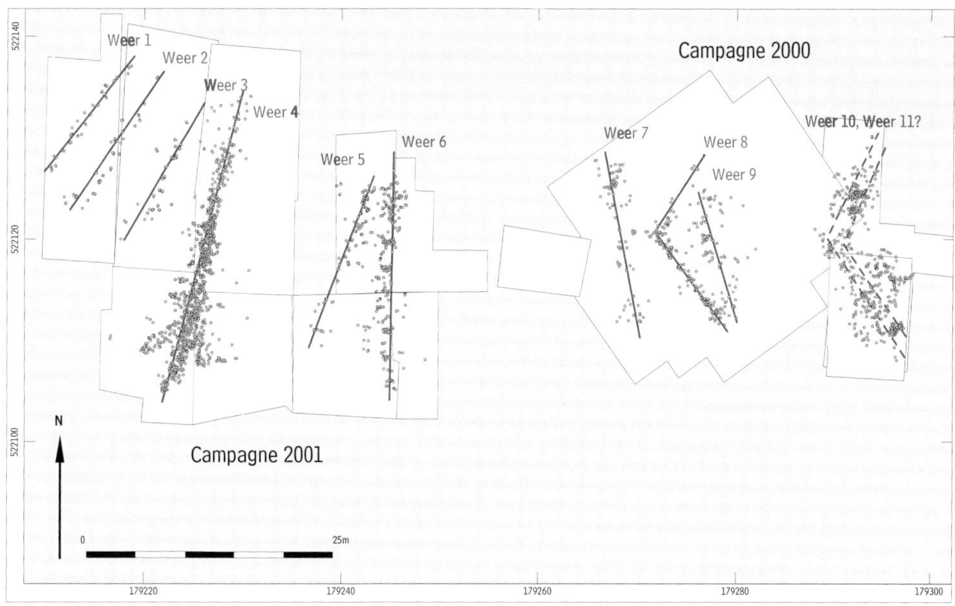

Afb. 5.5 ▸ Overzicht visweren opgegraven bij Emmeloord uit de Swifterbant/trechterbekercultuur (rechts) en de klokbekercultuur/bronstijd (links). Uit: Bulten *et al.* 2002, afb. 7.1.

in de genoemde geul van het IJssel-Vechtsysteem. De oudste vier à vijf weren en twee fuiken dateren uit het midden van de nieuwe steentijd, dat wil zeggen uit ongeveer 3300 v. Chr. (**afb. 5.3 en 5.4**). Cultureel zijn de resten toe te schrijven aan de late Swifterbantcultuur. Een directe relatie tussen de weren en de fuiken kon niet worden aangetoond.

De weren bestonden uit palenrijen waartussen schermen of takkenbossen waren geplaatst. Ze vormden een barrière voor stroomafwaarts trekkende vissen, die letterlijk en figuurlijk in de val liepen. De fuiken bestonden uit een vangstkamer en een inkeling. De inkeling is een soort trechter waardoor de vis de vangstkamer inzwemt. De weren variëren in lengte van 15-30,5 m. Drie weren (nrs. 4, 7 en 8) stonden elk in een rechte lijn, terwijl twee andere (nrs. 10 en 11) V-vormig waren (**afb. 5.5**). Voor de palenrijen van de visweren gebruikten de Swifterbanters voornamelijk elzenhout, daarnaast hout van iep, berk en wilg en een enkele keer hazelaar. Voor de fuiken namen zij wilgentenen, die volgens de open-vlecht-methode aan elkaar waren bevestigd met touw dat was gemaakt van bast. Bij deze methode wordt een twijg tussen twee touwen gestoken, waarna de touwen een halve slag worden gedraaid en een volgende twijg wordt ingestoken. De fuiken hadden een driehoekige vorm.

Een houten voorwerp dat aanvankelijk als houten staf is beschreven, zou mogelijk een staak kunnen zijn geweest, die diende om een fuik op

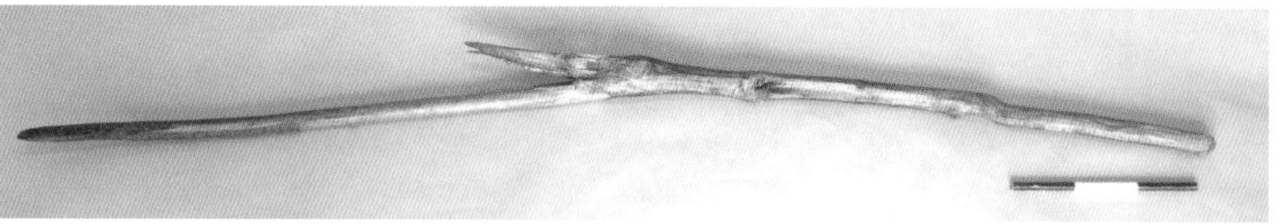

Afb. 5.6 ▸ Staak van taxushout opgegraven bij Emmeloord, mogelijk gebruikt om een fuik op zijn plaats te houden. Foto: Provinciaal Depot Bodemvondsten Flevoland.

zijn plaats te houden en mogelijk ook te lichten (**afb. 5.6**). De stok is ongeveer twee meter lang en gemaakt uit taxushout; aan het ene eind zijn kapsporen te zien van het loshakken van de staak, terwijl het andere einde puntig is bekapt. Iets voorbij het midden is nog een korte zijtak aanwezig met daarin een rechthoekig gat. Het gat kan hebben gediend voor de bevestiging van de fuik aan de staak.

De gevangen vis bestond uit paling, snoek, dunlipharder, baars, meerval en zalm. Vermoedelijk ving men ter plaatse meer vis dan lokaal kon worden geconsumeerd. Dit roept de vraag op naar de distributie en verwerking van vis. Conserveerde men de vis ter plaatse door roken of drogen en transporteerde men die vervolgens naar andere nederzettingen? Archeologische aanwijzingen daarvoor zijn ter plaatse niet gevonden.

Elders op de kavel is een grote hoeveelheid nederzettingsafval gevonden, wat erop duidt dat de vissers in de buurt van de visweren (mogelijk permanent) woonden en naast visvangst ook andere activiteiten ontplooiden, zoals jacht en veehouderij.

In Zuidelijk Flevoland zijn eveneens visweren en fuiken uit de Swifterbantperiode gevonden. Tussen 1994 en 1997 is een enorm terrein opgegraven bij de Hoge Vaart, in het tracé van de snelweg A27. Bij de opgravingen zijn bewoningssporen uit de midden- en nieuwe steentijd aangetroffen. Aan houten artefacten zijn onder andere drie visweren en de daarbij behorende fuiken gevonden (**afb. 5.7 en 5.8**). Deze lagen in de bedding van een zijarm van de Eem, direct naast de dekzandrug waarop de mensen woonden. De visweren dateren uit het begin van de nieuwe steentijd. Ze bestonden uit verticale staken en stammen, voornamelijk van elzenhout. Dit groeide vermoedelijk in een nabijgelegen elzenbroekbos. Tussen de staken waren takkenbossen en gevlochten schermen geplaatst. De fuiken waren gemaakt van wilgentenen volgens de open-vlecht-methode. De wanden van de vangkorven bestaan uit lange roeden, op regelmatige afstanden verbonden door touw gemaakt van de bast van vermoedelijk lijsterbes.

Het voorkomen van deze visweren geeft aan dat vis een belangrijk onderdeel van het menu van de Swifterbantmens moet hebben uitgemaakt (zie ook hoofdstuk 4). Het bouwen, onderhouden en gebruik van de

Afb. 5.7 ▹ Twee delen van een fuik, vindplaats Hoge Vaart A27.
Uit: Hamburg *et al.* 2001, fig. 52.

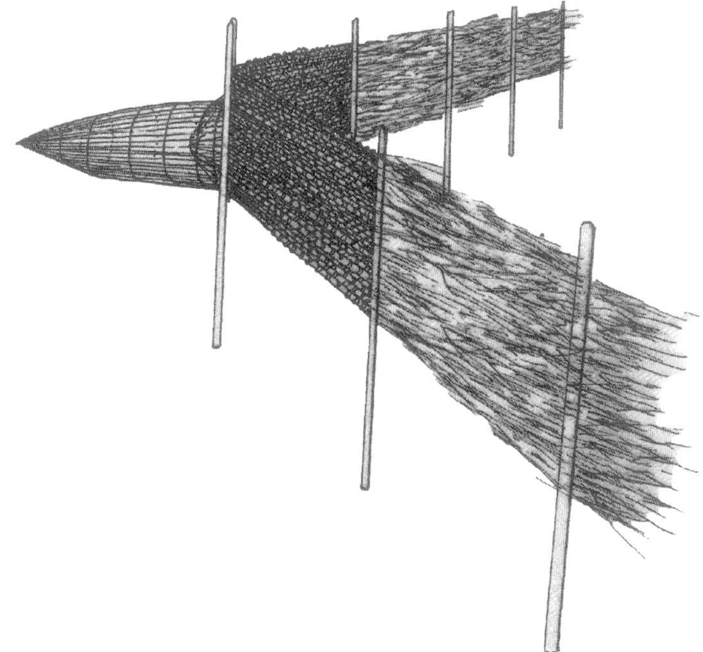

Afb. 5.8 ▹ Reconstructie van het visvangsysteem bestaande uit fuik en visweer, waarvan in de vindplaats Hoge Vaart A27 resten zijn aangetroffen. Uit: Hamburg *et. al,* 2001, fig. 55.

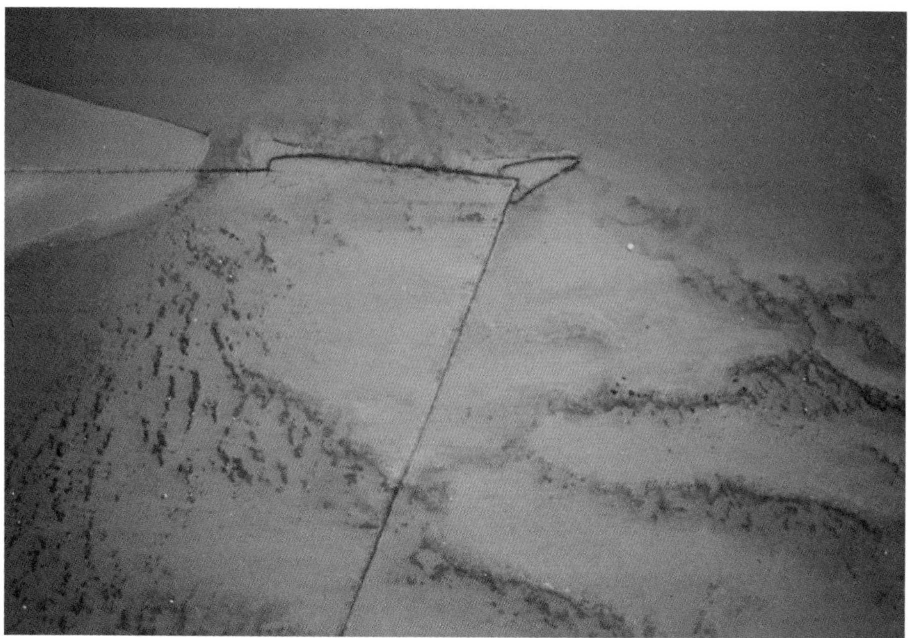

Afb. 5.9 ▹ Het vissen met visweren gebeurt nog steeds. Op deze foto is een visweer in de Oosterschelde te zien, datum opname onbekend (tweede helft 20e eeuw). Bron: *https://beeldbank.rws.nl, Rijkswaterstaat.*

visweren vereiste een nauwe samenwerking tussen meerdere individuen. De visweren geven ook aan dat de Swifterbantgemeenschappen wat betreft sociale organisatie, daartoe zeker in staat waren. Visvangst met visweren kent overigens een lange traditie waarmee nog steeds gevist wordt (**afb. 5.9**).

Boomstamboten en peddels

Boomstamboten zijn bij opgravingen van de nederzettingen van de Swifterbantcultuur in Flevoland niet aangetroffen. Dat men wel bootjes gebruikte, valt af te leiden uit de vondsten van peddels. Op vindplaats S3 nabij Swifterbant zijn uit de vulling van de zijkreek, vlak naast de nederzetting, twee peddelbladen te voorschijn gekomen. Deze dateren uit de periode 4450-4000 v. Chr. (**afb. 5.10**). Aangezien ze in de vulling van de kreek lagen, zou het kunnen gaan om afgedankte of verloren exemplaren. Aan het ene peddelblad met een lengte van 46 cm, een breedte van 9,5 cm en dikte van 1-1,5 cm, zit nog een rest van de steel (1,5 x 3 cm); het andere peddelblad is incompleet, ten minste 52 cm lang, bij een breedte van 10 cm en een dikte van 2 cm.

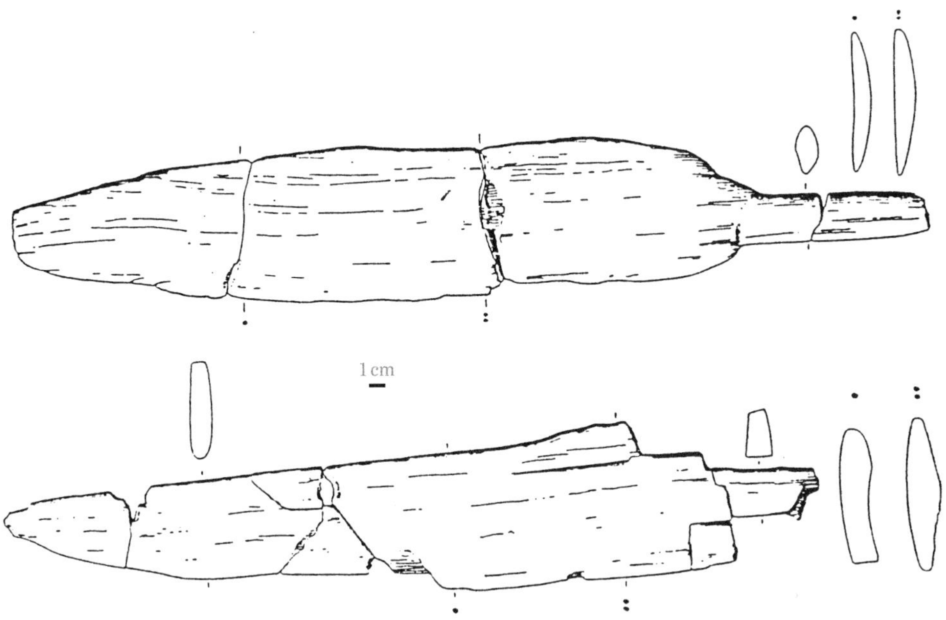

Afb. 5.10 ▸ Peddelbladen uit de vindplaats Swifterbant S3. Uit: Casparie en De Roever 1992, fig. 6.

Afb. 5.11 ▸ Peddelblad uit de vindplaats de Hoge Vaart A27. Foto: Provinciaal Depot Bodemvondsten Flevoland.

Ook bij de opgraving Hoge Vaart is een peddel met een stuk steel (10 cm x diameter 2 cm) aangetroffen. De exacte vindplaats en datering van deze peddel zijn onbekend. Het peddelblad heeft een lengte van 43,5 cm, een breedte van 8,5 cm en een dikte van 0,5 cm (**afb. 5.11**). Het lijkt erop dat het blad oorspronkelijk een grotere breedte heeft gehad, van ongeveer 12 cm. Beide peddelbladen van Swifterbant S3 en het blad van de Hoge Vaart vormen wat betreft de vorm een verdere ontwikkeling van de bladen uit de late middensteentijd zoals gevonden te Hardinxveld-Giessendam; ze

Afb. 5.12 ▸ Overzicht van peddels en peddelbladen uit de middensteentijd (1-4), Swifterbantcultuur (5-6) en latere fasen van de nieuwe steentijd (7-8) uit Nederland. Uit: Louwe Kooijmans *et al.* 2001b, afb. 13.20.

werden alleen wat korter en breder (**afb. 5.12**). De drie bladen getuigen van een technologisch verfijnde productie, met een holle binnenkant en een bolle buitenkant. Opmerkelijk is daarnaast dat twee bladen niet van de gebruikelijke houtsoort es zijn gemaakt maar van eikenhout en van hout van de Spaanse aak.

Boomstamboten en peddels spreken tot de verbeelding, omdat ze iets zeggen over de mobiliteit van een samenleving. Ze weerspreken de beeldvorming als zou het gaan om 'primitieve' steentijdsamenlevingen met maar een beperkte actieradius. Niets is minder waar. Deze jagers-vissers-verzamelaars-boeren leidden een semi-sedentair bestaan waarbij ze gedurende verschillende seizoenen op verschillende plaatsen bivakkeerden. Deze seizoensmigratie vormde onderdeel van een zogenaamde breed-spectrum-economie. De Swifterbantmensen probeerden het maximale te halen uit wat de natuur te bieden had door telkens die plek uit te kiezen waar op dat moment, vanwege de natuurlijke trek van vissen en jachtwild, het meest te halen viel.

De meeste Nederlandse Swifterbantkampementen die bekend zijn, bevinden zich in een nat tot zeer nat milieu. Om je te verplaatsen in een dergelijk milieu was een boot onontbeerlijk. Maar ook voor het vissen en jagen zelf waren boomstamboten een absolute noodzaak. Mogelijk speelden ze eveneens een belangrijke functie bij de uitwisseling van artefacten over grote afstand met andere groepen. Deze verder weg gelegen gebieden vormden waarschijnlijk een onbekend en daarom gevaarlijk terrein, een rituele ruimte die misschien alleen toegankelijk was voor sjamanen. Dit waren lieden die door hun positie als spiritueel intermediair in staat waren deze gebieden te bereizen. Een rituele activiteit in een verder weg gelegen gebied is bijvoorbeeld bekend van de depositie van een pot en edelhertgeweien uit het Voorste Diep bij Bronneger, Drenthe (zie **afb. 2.3**).

Uit Flevoland zijn geen boomstamboten bekend; een complete kano en een fragment zijn wel gevonden te Hardinxveld-Giessendam (**afb. 5.13**). Beide boten horen weliswaar thuis in de late middensteentijd (5500-5100 v. Chr.), maar waarschijnlijk waren de boomstamboten uit de Swifterbantperiode soortgelijk. De complete boomstamboot uit Hardinxveld-Giessendam is gemaakt uit de stam van een linde, waarvan het zachte hout zich gemakkelijk laat bewerken. Het vaartuig heeft een lengte van 5,49 m en een breedte van 49 cm. De hoogte van de zijkanten bedroeg oorspronkelijk 20 cm. De kano is waarschijnlijk vervaardigd met behulp van een dissel van been of gewei.

Door de onderzoekers van de boomstamboot wordt het vermoeden geuit dat de complete kano – aangetroffen op de flank van een rivierduin – niet zomaar daar is achtergelaten, maar doelbewust werd neergelegd gericht op een van de twee graven hoger op het duin. Dit idee wordt versterkt door de met opzet kapot gemaakte boog (zie hieronder) die vlak bij de voorsteven van de kano is aangetroffen. Mogelijk maken graf, boog en kano onderdeel uit van een groep artefacten die zijn achtergelaten met een ritueel doel. Dit voorbeeld geeft aan dat kano's een centrale en speciale positie binnen deze gemeenschap innamen vanwege drie cruciale functies: de voedseleconomie, transport van mens en dier en het contact met het bovennatuurlijke.

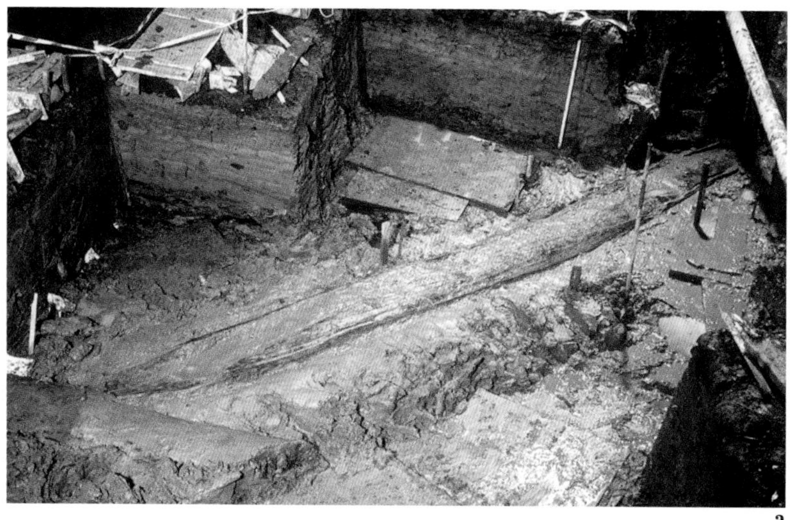

a

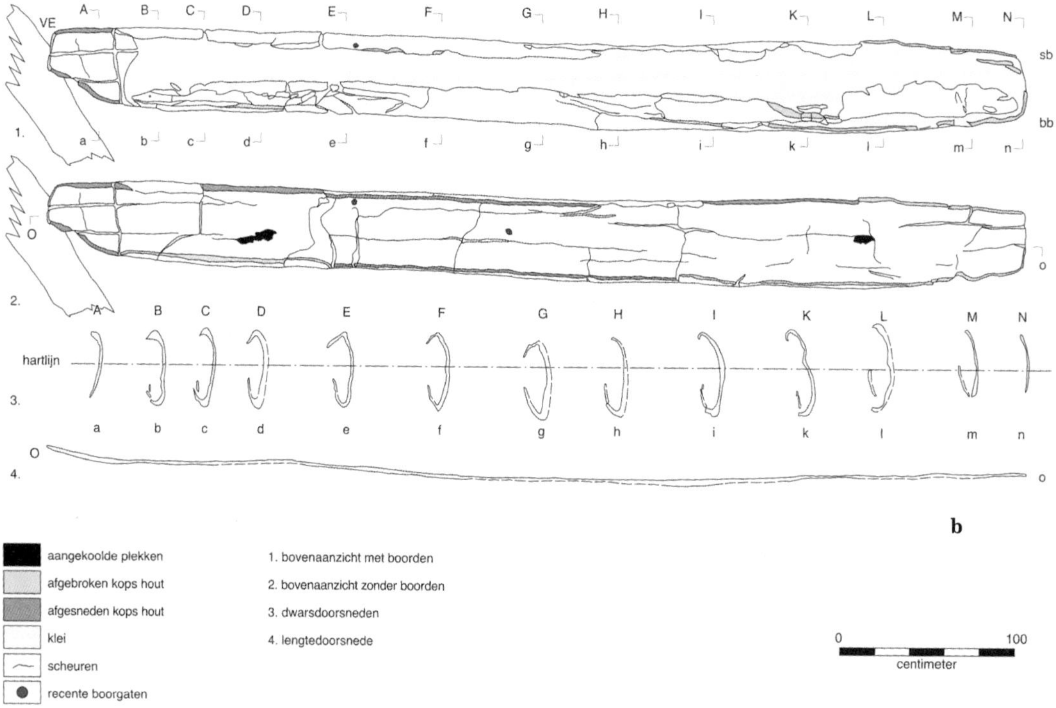

VE
A B C D E F G H I K L M N
sb
bb
a b c d e f g h i k l m n
O
o
hartlijn
1.
2.
3.
4.
aangekoolde plekken
afgebroken kops hout
afgesneden kops hout
klei
scheuren
recente boorgaten
1. bovenaanzicht met boorden
2. bovenaanzicht zonder boorden
3. dwarsdoorsneden
4. lengtedoorsnede
0
100
centimeter

b

Afb. 5.13 ▸ Boomstamboot uit de middensteentijd gevonden op de opgraving Hardinxveld-Giessendam De Bruin (kano 1), in het veld (a) en op tekening (b). Uit: Louwe Kooijmans *et al.* 2001a, afb. 12.15 en 12.17.

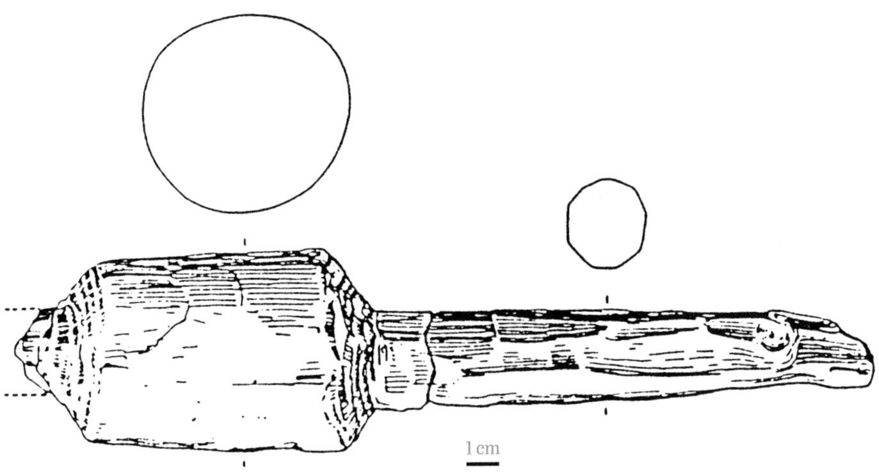

Afb. 5.14 ▸ Hamer gemaakt van essenhout, vindplaats Swifterbant S3. Uit: Casparie en De Roever 1992, fig. 5.

Hamer, bijlsteel, boog en speerpunten

Op de vindplaats S3 nabij Swifterbant is nog een interessant houten voorwerp te voorschijn gekomen uit de kreekvulling van de zijkreek, vlak naast de woonplaats. Het betreft een cilindervormig stuk hout met een handvat, gemaakt van essenhout (**afb. 5.14**). Waarschijnlijk betreft het een houten hamer die gebruikt werd bij de houtbewerking in combinatie met een beitel van been of een houten wig. Van dezelfde vindplaats is een bijlsteel afkomstig, gemaakt van essenhout. De diameter van de steel bedraagt 3-4 cm en de lengte meer dan 40 cm. De bijlsteel is eveneens afkomstig uit de kreekvulling, maar de stratigrafische positie was niet duidelijk. Mogelijk komt de steel uit een latere periode.

Tijdens de opgraving te Hardinxveld-Giessendam is een zwaar beschadigd middendeel van een boog aangetroffen, die uit de oudste bewoningsfase (5500-5100 v. Chr) dateert (**afb. 5.15**). Strikt genomen gaat deze periode net vooraf aan de Swifterbantcultuur. De boog komt hier toch aan de orde, omdat de vondstomstandigheden en het karakter van de boog erop wijzen dat de boog niet zomaar is weggegooid, maar mogelijk samen met de kano en een van de graven op de donk een ritueel ensemble vormt.

Ondanks het feit dat de boog niet meer compleet is, kan de oorspronkelijke lengte geschat worden op meer dan 1,5 m. Hij is gemaakt uit iepenhout. Beide uiteinden ontbreken, waarbij opvalt dat één uiteinde met opzet is afgebroken. Daarnaast is een deel van de boog verkoold, wat betekent dat de boog enige tijd in een vuur heeft gelegen voordat hij bij

Afb. 5.15 ▸ Middendeel van een boog gemaakt van iepenhout, vindplaats Hardinxveld-Giessendam De Bruin; links en midden het booggedeelte van twee zijden; rechts een reconstructie. Uit: Louwe Kooijmans *et al.* 2001b, afb. 12.5 en 12.12.

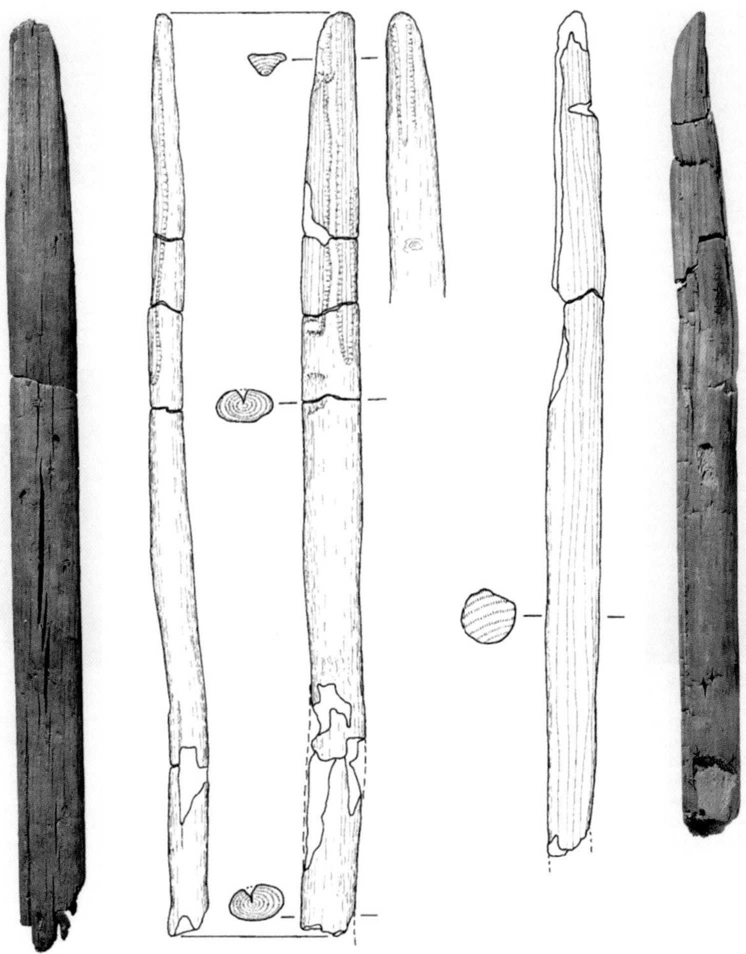

Afb. 5.16 ▹ Twee speerpunten van het hout van respectievelijk hazelaar en es, vindplaats Hardinxveld-Giessendam De Bruin. Uit Louwe Kooijmans *et al.* 2001a, afb. 12.6 en 12.13.

de steven van de kano is achtergelaten. Waarschijnlijk is de boog bewust onklaar gemaakt. Was dit om gebruik in een andere, bovennatuurlijke wereld, onmogelijk te maken? Of om gebruik door 'rovers' uit te sluiten opdat hij voor de bovennatuurlijke wereld behouden bleef?

Te Hardinxveld-Giessendam zijn verder twee aangepunte stokken gevonden, die als speren worden geïnterpreteerd (**afb. 5.16**). Alleen wanneer de punt gevormd is door bijschuren wordt van een speer gesproken; in andere gevallen gaat het om spiesen. Bovendien moet de speerpunt gemaakt zijn uit een stam of dikke tak bij voorkeur van een es om als speer geclassificeerd te kunnen worden.

Conclusie

Gedurende de Swifterbantcultuur werd een breed spectrum aan houtsoorten gebruikt. Uit de vele verschillende toepassingen van hout in structuren en artefacten blijkt dat hout een van de belangrijkste grondstoffen was. De keuze voor bepaalde houtsoorten is afhankelijk van drie factoren: het milieu (komt de houtsoort in de nabijheid voor?), de techniek (is met het beschikbare gereedschap de desbetreffende houtsoort te bewerken?) en ten derde de eigenschappen van het hout (bijvoorbeeld sterkte en buigzaamheid). De Swifterbanters wisten precies welke houtsoorten voor welke doeleinden geschikt waren en zij beschikten over goede technieken en de juiste gereedschappen om deze te bewerken.

Literatuur

Bulten, E.E.B., F.J.G. van der Heijden en T. Hamburg, 2002. *Emmeloord, Prehistorische visweren en fuiken* (ADC Rapport 140). Bunschoten.

Casparie, W.A., B. Mook-Kamps, R.M. Palfenier-Vegter, P.C. Struyck en W.A. van Zeist, 1977. The palaeobotany of Swifterbant. A preliminary report. *Helinium* 17, 28-55.

Casparie, W.A. en J.P. de Roever, 1992. Vondsten van hout uit de opgravingen bij Swifterbant. *Bulletin van de Stichting Prehistorische Nederzetting Flevoland* 5, nr. 3, 10-13.

Hamburg, T., W.-J. Hogestijn en H. Peeters, 1997. Drie visvangsystemen uit het mesolithicum van vindplaats 'Hoge Vaart' (Prov. Fl., Gem. Almere). *Archeologie* 8, 69-92.

Hamburg, T., C. Kruijshaar, J. Nientker, J.H.M. Peeters en A. Rast-Eicher, 2001. Grondsporen: antropogene sporen en structuren, In: Hogestijn, J.W.H. en J.H.M. Peeters (red.), 2001. *De mesolithische en vroeg-neolithische vindplaats Hoge Vaart-A27 (Flevoland)* (Rapportage Archeologische Monumentenzorg 79, deel 13). Amersfoort.

Louwe Kooijmans, L.P., K. Hänninen & C.E. Vermeeren, 2001a. Artefacten van hout. In: Louwe Kooijmans, L.P. (red.), *Hardinxveld-Giessendam De Bruin. Een kampplaats uit het Laat-Mesolithicum en het begin van de Swifterbant-cultuur (5500-4450 v. Chr.)* (Rapportage Archeologische Monumentenzorg 88). Amersfoort, 435-477.

Louwe Kooijmans, L.P., C.E. Vermeeren en A.M.I. van Waveren, 2001b. Artefacten van hout en vezels. In: Louwe Kooijmans, L.P. (red.), *Hardinxveld-Giessendam Polderweg. Een mesolithisch jachtkamp in het rivierengebied (5500-5000 v.Chr.)* (Rapportage Archeologische Monumentenzorg 83). Amersfoort, 379-418.

6 Potten en pannen, het aardewerk

Paulien de Roever

Inleiding

De jager-verzamelaars uit de middensteentijd waren groepen mensen die een zwervend bestaan leidden en leefden van al wat de natuur hun bood. Ze gebruikten nog geen aardewerk. Al vanaf 5300 v. Chr. treffen we op de lössgronden in Zuid-Limburg en Duitsland bandkeramiek-boeren aan met een vaste woon- en verblijfplaats en een neolithische levenswijze gebaseerd op akkerbouw- en veeteelt. Jager-verzamelaargroepen trokken rond buiten de gebieden die door boerensamenlevingen in gebruik waren genomen maar mogelijk waren ook nog enkele groepen actief in deze gebieden. Na de bandkeramiek ontwikkelden zich in Midden- en Zuid-Duitsland de Rössen- en Bischheimcultuur, die min of meer gelijktijdig waren met de Swifterbantcultuur. Stenen bijlen van deze neolithische culturen op vindplaatsen van jager-verzamelaars laten zien dat men niet alleen van elkaars bestaan afwist, maar dat er ook contacten waren tussen boeren en jagers waarbij producten werden uitgewisseld. Op een gegeven moment zijn de Swifterbant-jager-verzamelaars aardewerk gaan maken en gebruiken, vervolgens gingen ook zij akkerbouw en veeteelt bedrijven.

Het meeste aardewerk van de Swifterbantcultuur is gebruikt als kookpot. Verder zal het gebruikt zijn als voorraadpot voor de opslag van voedsel of bij het conserveren van voedsel. Daarnaast hebben sommige aardewerken potten als offerpot gediend. Er zijn echter geen aanwijzingen dat dit een primaire bestemming van het aardewerk was of dat aardewerk juist hiervoor geïntroduceerd zou zijn.

De vraag is waarom de mesolithische jager-verzamelaars behoefte hadden voedsel te gaan koken in aardewerken potten, terwijl ze duizenden jaren geen aardewerk nodig hadden. Zijn ze ook wat dit betreft beïnvloed door hun neolithische buren? Diende het aardewerk voor het koken van levensmiddelen die door jagen of verzamelen waren bijeengebracht of alleen voor akkebouwproducten als granen die al of niet via ruilhandel werden verkregen? Dit laatste kan niet het geval zijn: het oudste aardewerk van de Swifterbantcultuur is ouder dan het eerste graan dat we in deze cultuur vinden. Niet alleen de introductie van landbouwgewassen, maar ook het koken in aardewerken potten zelf zal een grote verandering in het eetpatroon teweeg hebben gebracht.

Het voedsel en het koken

Op vrijwel al het aardewerk van de Swifterbantvindplaatsen worden verkoolde voedselresten en roetaanslag aangetroffen. Dat betekent dat men potten is gaan maken om erin te koken (**afb. 6.1**). De mens is ooit voedsel gaan koken of roosteren omdat het daardoor makkelijker te verteren is. Jager-verzamelaars hadden een eiwitrijk dieet door de grote hoeveelheid vlees, aangevuld met wat ze aan noten, vruchten, zaden en knollen en dergelijke uit de natuur verzamelden. Het vlees moest vet zijn want uitsluitend mager vlees geeft op den duur schade aan lever en nieren, uitdroging, gebrek aan eetlust en afbraak van spierweefsel. Een aanvulling van vetten en koolhydraten is noodzakelijk om het vlees te kunnen verteren. Daarnaast leveren vetten en koolhydraten vitaminen en mineralen op. Vetten, goed voor vitamine A, D, K en E, zitten niet alleen in en rond het vlees, maar worden ook geleverd door het merg in botten. Een soep met beenmerg levert heerlijke vetten op die de prehistorische mens er waarschijnlijk niet vanaf schepte.

Voordat aardewerken potten voor het koken in gebruik kwamen, werd het eten geroosterd boven een vuur, bereid in warme as, of verpakt in bladeren klaar gemaakt in kookkuilen met gloeiende houtskool. Ook was het mogelijk water in een leren zak of kuil bekleed met leer aan de kook te brengen met behulp van warme stenen. Die moeten eerst in een vuur verhit worden en dan met twee stokken overgeplaatst worden. Koken met deze kookstenen is vrij lastig in gebieden waarin stenen niet voor het oprapen liggen zoals de gebieden rond Swifterbant. Een aardewerken pot is dan veel handiger.

Noten, zaden, vruchten, wortels en knollen en eetbare bladplanten leverden een verdere aanvulling op het dieet in de vorm van onder andere koolhydraten en suikers (honing). Deze voedingsmiddelen zijn echter niet het hele jaar door te vinden en moeten als het kan geconserveerd worden en bewaard. Door de productie en het eten van granen had men het hele jaar door toegang tot koolhydraten, want opslag hoefde geen probleem te zijn. Granen en suikers geven een grote hoeveelheid energie en zijn gemakkelijk verteerbaar. Graan moet wel tot brood of pap verwerkt worden. Vee werd gehouden voor het vlees, het vet, de pezen en de huiden, maar nog niet voor melk en zuivelproducten.

In het algemeen kan gezegd worden dat door het overgaan op akkerbouw en veeteelt de keuze niet meer alleen was wat er gegeten ging worden, maar ook hoe dit te bereiden. Wat men eet, wordt nooit alleen bepaald door wat er aan voedsel beschikbaar is, maar ook door smaak, taboes, mode, status en cultuur. Door voedsel in potten te koken blijven vetten en dergelijke in het eten behouden en wordt het beter verteerbaar. Een bredere *range* aan voedselbronnen wordt dan mogelijk dan daarvoor.

Recept voor prehistorische graanpap met vlees en groente om nu te maken

Circa 200 gram tarwekorrels of andere graansoort een nacht laten weken in water. Een bouillon trekken van vlees en een mergpijp of van varkenskoteletten, met wat groene takjes als melganzevoet en/of brandnetel. De koteletten uit de bouillon vissen en er het vlees vanaf halen, dat terug doen in de pot. In de bouillon verder het geweekte graan gaar koken (circa een kwartier) en dan ongeveer een pond bladgroente erbij. Dit kan in het wild worden geplukt, bijvoorbeeld melde- en ganzevoetsoorten. De brave hendrik, een ganzevoetsoort, kan heel gemakkelijk in de tuin gekweekt worden. Ook zeer geschikt zijn duizendknoopsoorten (bijvoorbeeld varkensgras), lamsoor en brandnetel. Bij stevige stengels alleen het blad nemen. Een gemakkelijk alternatief is wilde spinazie dat je gewoon kan kopen. De bladgroenten kort mee laten koken en de pap/soep opdienen. Eventueel op smaak brengen met wat zout (gewone zoutmelde is van nature wat zoutig). Het gebruik van zout in die tijd is twijfelachtig, maar we zijn er tegenwoordig zo aan gewend.

Als alternatief kan je de tarwe of andere graansoort eerst roosteren, in een koekenpan (al roerend in een aardewerken pot op het vuur kan ook). Dit ‘malen’ in keukenmachine, koffiemolen of stenen vijzel en daarmee een dikke soep maken. Geroosterd graan geeft net een lekkerder smaak aan zo’n gerecht.

Afb. 6.1 ▸ Replica van een Swifterbantpot waarin op een open vuur graanpap wordt gekookt. Voor het recept: zie boven. Foto: auteur.

Afb. 6.2 ▸ Scherf met reparatiegaten, vindplaats Swifterbant S3. Foto: Provinciaal Depot Bodemvondsten Flevoland.

Het koken van voedsel in aardewerk kan ook leiden tot een verandering in het dieet van peuters, wat vroeg spenen mogelijk maakte waardoor de vruchtbaarheid van vrouwen toeneemt en de bevolking kon groeien. De introductie van landbouw maakte het uiteindelijk mogelijk dan ook op een vaste woonplaats te verblijven, hoewel dat hier in Swifterbant nog niet lijkt te gebeuren. De vrouw hoefde dan niet meer een kind te baren terwijl ze onderweg was. Op den duur heeft deze introductie van landbouw - met nederzettingen waar de mensen dicht op elkaar wonen - echter niet geleid tot een betere gezondheidstoestand van de mensheid. Epidemieën, ziekteverwekkers en ongedierte hebben betere kansen als mensen in grote dichtheden wonen. Het verschijnsel van tandcariës deed in het neolithicum zijn intrede. De sedentaire manier van samenleven had ook grote gevolgen voor de sociale verhoudingen.

Het aardewerk

Aardewerk van de Swifterbantcultuur is bekend van vindplaatsen in het Noordwest-Duitse laagland, met de bekende vindplaats Hüde aan de Dümmersee, in Nederland en in het Scheldegebied in België. Zoals boven vermeld, had het aardewerk primair een functie als kookpot. Door het gebruik breken de potten waarna de scherven verspreid raken. De levensduur van zo'n kookpot zal niet erg lang zijn geweest: een paar weken tot enkele maanden. Reparatiegaten aan weerszijden van barsten (**afb. 6.2 en 6.4 d**) tonen aan dat vanwege de tijd die de productie in beslag nam,

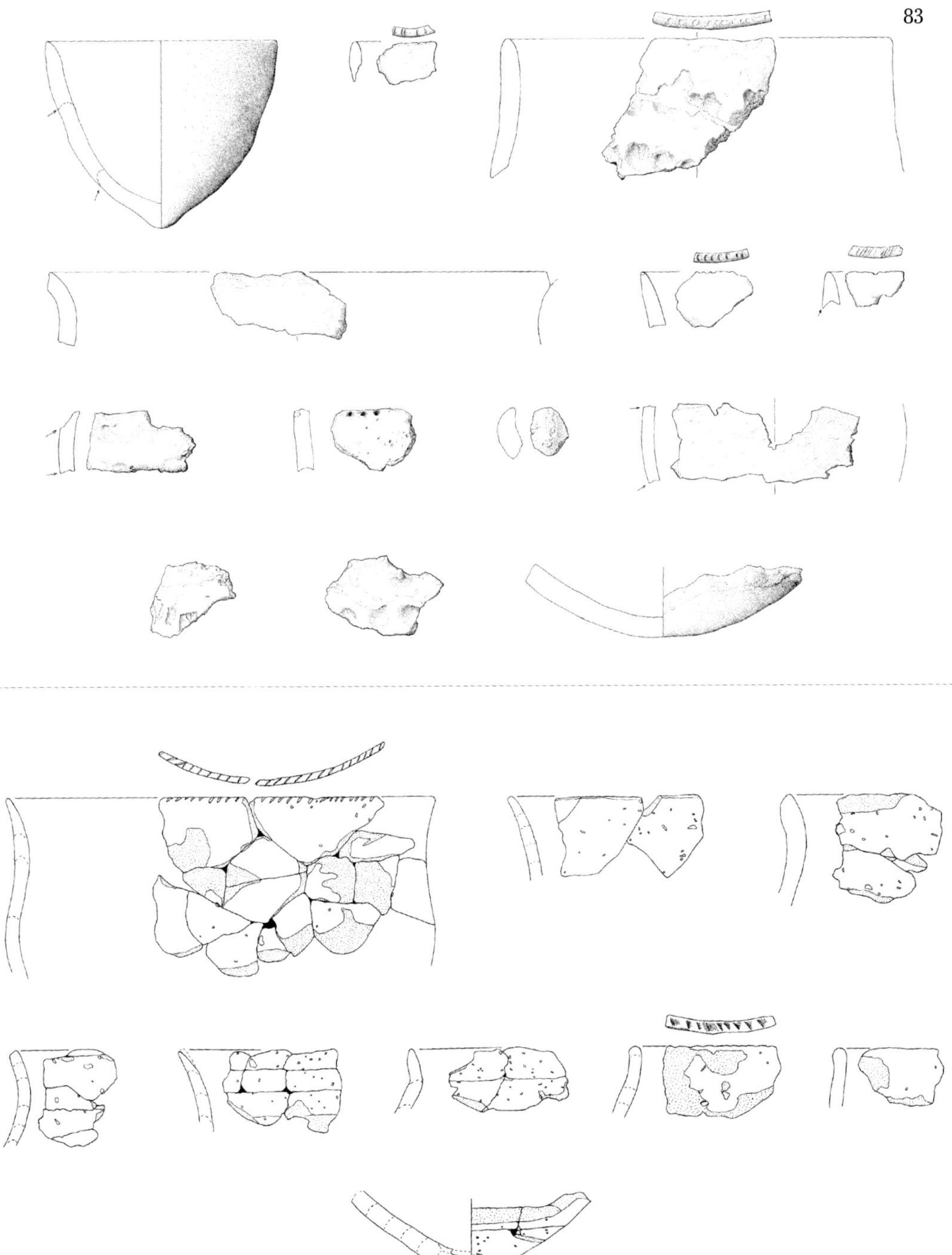

Afb. 6.3 ▸ Aardewerk van de vroege fase van de Swifterbantcultuur uit de vindplaatsen Hardinxveld-Giessendam Polderweg (boven de streep) en Hoge Vaart A27 (onder de streep). Uit: Raemaekers & De Roever, fig. 2, naar: Raemaekers 2001b, fig. 3.27, Haanen & Hogestijn 2001, fig. 6.

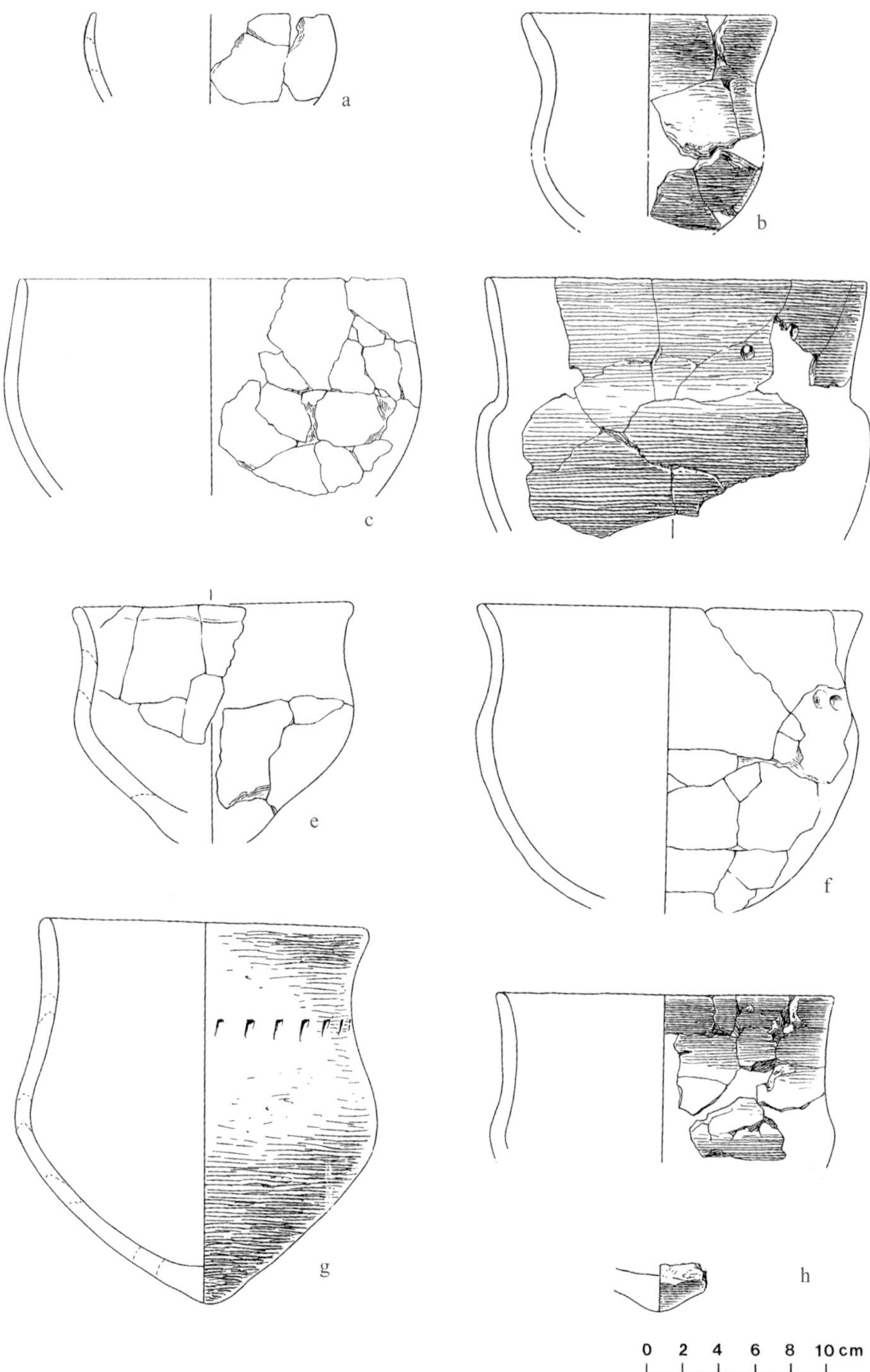

Afb. 6.4 ▹ Verschillende aardewerkvormen uit de vindplaats Swifterbant S3, middenfase van de Swifterbantcultuur (monddiameters tussen 14 en 21 cm). Uit: De Roever 2004. Fig. 9.

men zuinig met het aardewerk omging. Of een gerepareerde pot nog als kookpot kon dienen is de vraag. Wellicht werd hij gebruikt als voorraadpot. Alleen enkele kookpotten die als offer in de grond zijn terechtgekomen, kunnen (vrijwel) geheel in de grond bewaard zijn gebleven. Dit zijn bijvoorbeeld de pot van Bronneger (zie **afb. 2.3**), die van Hardinxveld-De Bruin en die van Urk E4.

De inhoud van de Swifterbantpotten ligt vaak tussen 1 liter (met een diameter van 11-12 cm) en 5 liter (met een diameter rond de 20 cm). Potjes met een inhoud van minder dan 1 liter vormen een minderheid. Grotere potten, ook met kookresten, van 10-15 liter (met een diameter van 25-30 cm) of nog groter (met een diameter van 36-37 cm) zijn eveneens rijkelijk vertegenwoordigd. Ter vergelijking: onze huidige pannen voor een standaard gezin hebben een inhoud van 1-5 liter.

Het aardewerk werd gemaakt van klei die was gemagerd met steengruis, zand, organisch materiaal of een combinatie van deze drie. Het organisch materiaal bestaat uit fijngemaakte plantenstengeltjes of zeer fijn organisch materiaal als as of verpulverd houtskool. Stengels die even in een vuurtje zijn aangekoold zijn gemakkelijk te verpulveren of direct door de klei te kneden en hoeven niet met twee vuurstenen messen of een vijzel worden fijngehakt. Van de klei rolde men rolletjes van 1-2 cm dikte die in cirkels of als een spiraal op elkaar gelegd werden om de potwand te vormen. De wanden werden wat dunner uitgekneed of later eventueel met een spatel of bundel gras bijgeschraapt. Daarna kon de potwand gewoon met de vingers zijn glad gestreken of zeer zorgvuldig geglad met een natte vinger of gepolijst met een kiezelsteentje. De wanddikte van het aardewerk varieert dan ook van 5 tot 14 mm, maar ligt meestal rond de 8-10 mm. De potten werden gebakken in een open vuur. De kwaliteit verschilt nogal. Het gewone, wat brossere aardewerk zal korter in het vuur hebben gelegen dan het hele harde, stevige aardewerk.

In het algemeen hebben de potten een min of meer S-vormig profiel met een ronde, een puntvormige of een knobbelbodem (**afb. 6.4 en 6.5**). De S-vorm heeft als voordeel dat de potten gemakkelijker aan te pakken zijn en te vervoeren; de pot glijdt niet uit je handen. Om een warme pot met kokende inhoud te verplaatsen kan een soepele wilgenteen om de nek gelegd worden. Overigens is, als de inhoud van de pot begint over te koken maar de inhoud nog niet gaar is, het gemakkelijker om wat gloeiende houtskoolbrokken met een tak weg te schuiven dan de pot zelf.

Een pot met ronde bodem kan zonder problemen op een niet-vlakke ondergrond en in een vuurtje neergezet worden, maar dit wordt lastiger bij een pot met een punt- of knobbelbodem. Zo'n pot vraagt ondersteuning met wat stenen, klonten klei of houtstammetjes. Stenen worden op de oeverwallen en rivierduinen niet aangetroffen en komen hiervoor dus minder in aanmerking. Er zijn geen aangebakken klonten klei gevonden die

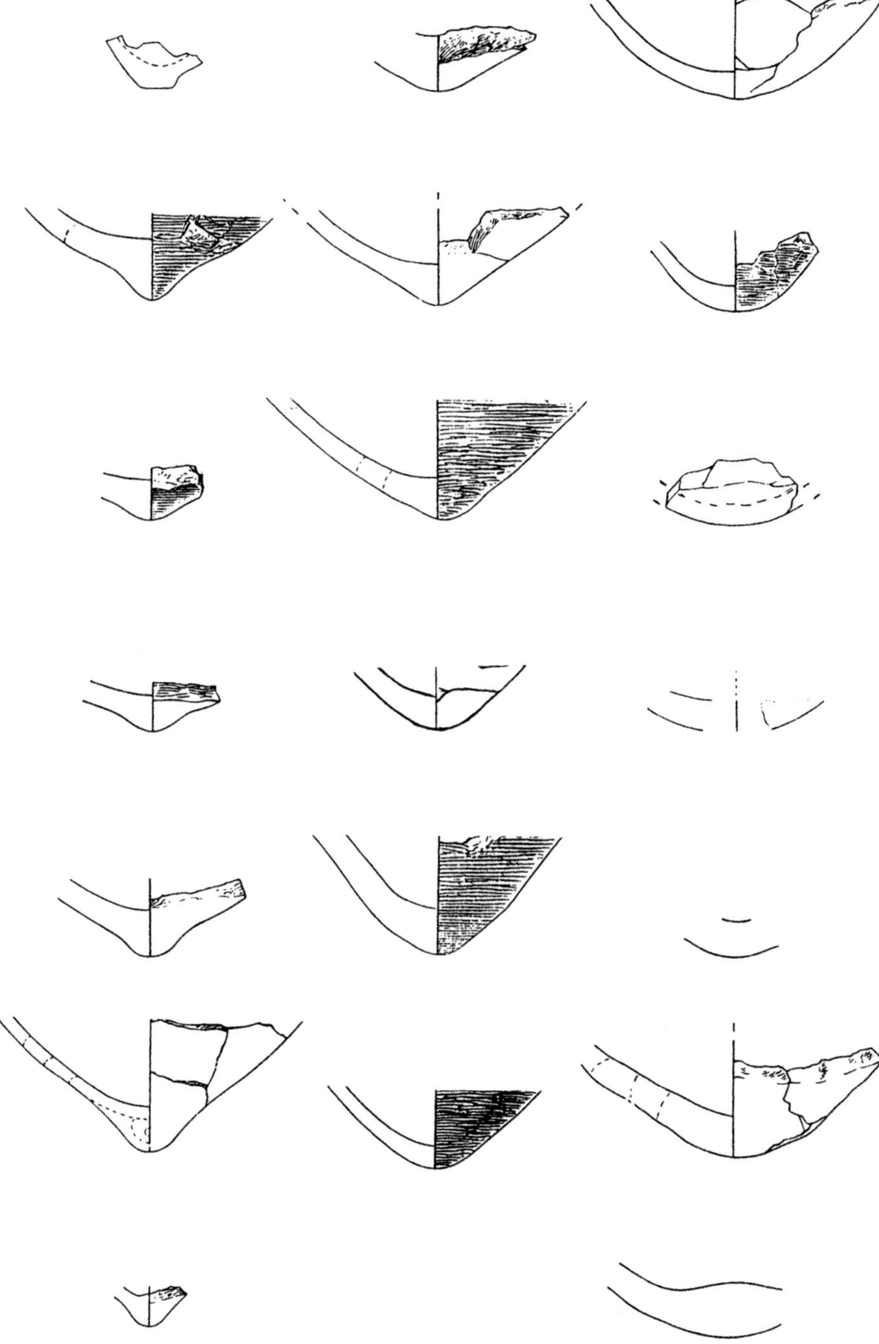

Afb. 6.5 ▹ Bodemvormen van aardewerk van Swifterbantvindplaatsen, middenfase van de Swifterbantcultuur. Uit: De Roever 2004, fig. 26.

hiervoor gediend kunnen hebben. Houtstammetjes branden weg, maar in de praktijk valt dit reuze mee en met een beetje aanschuiven blijft de pot wel rechtop staan.

Naast onversierde potten komen er veel met een of andere vorm van versiering voor: indrukjes op de rand, een rij indrukken onder de rand aan binnenkant of buitenkant, een of meer rijen indrukken op de schouder of indrukken verspreid over de wand. Er komen verschillende combinaties van deze versieringen voor. De indrukken kunnen zijn aangebracht met een smal voorwerp, bijvoorbeeld een vuurstenen klingetje, meestal op de rand, of met een al dan niet holle stengel of anderszins ronde spatel die recht of schuin werd ingestoken. Daarnaast zijn ook vingertoppen of vingernagels gebruikt. Soms is bij het indrukken opzettelijk wat klei opgeduwd, met name bij de wandversiering.

Aardewerk van de vroege, midden- en late fase van de Swifterbantcultuur

De vroege fase (5000-4600 v. Chr.) kennen we van de opgravingen in het Maas-Rijngebied bij Hardinxveld-Giessendam, Hoge Vaart A27 in Flevoland en de offerpot van Bronneger in Drenthe. In Hoge Vaart is als magering voornamelijk steengruis gebruikt, terwijl bij de Hardinxveld-vindplaatsen ook plantaardig materiaal, steengruis en chamotte wordt aangetroffen. Chamotte zijn kleine korreltjes aardewerk of gebakken klei. De rollen hebben een min of meer horizontale of een schuine voeg. In het algemeen is het profiel iets S-vormig, maar ook komen vormen voor met een naar binnen gebogen wand en zonder knik waardoor een meer gesloten vorm ontstaat. De bodems zijn rond of puntig. De randdiameter ligt tussen 20-35 cm en de wanddikte varieert van 6 tot 13 mm (gemiddeld 9 mm). Enkele scherven hebben een gepolijst oppervlak. Het aardewerk in deze fase is niet of spaarzaam versierd met indrukken op de rand (**afb. 6.3**). Daarnaast komen er al of niet doorboorde knobbels voor.

In Hardinxveld-De Bruin treffen we naast het Swifterbantaardewerk ook een andere aardewerkstijl aan, die we kennen van de Groupe de Blicquy uit België. Hier bestaat de versiering uit velden op de wand met parallelle indrukken van een getande spatel en doorboorde knobbels. Gelijksoortige vondsten kennen we uit Brandwijk en Ede.

De meeste vindplaatsen van de Swifterbantcultuur dateren uit de middenfase (4600-4000 v. Chr.). Ze zijn bekend uit het Vechtdal in Flevoland, het Maas-Rijngebied en het Scheldegebied. In de middenfase komen de vormen zonder knik nauwelijks meer voor en is vrijwel al het aardewerk S-vormig. Het grootste verschil met de voorgaande periode is echter dat de potten vaker zijn versierd, niet alleen op de rand maar ook

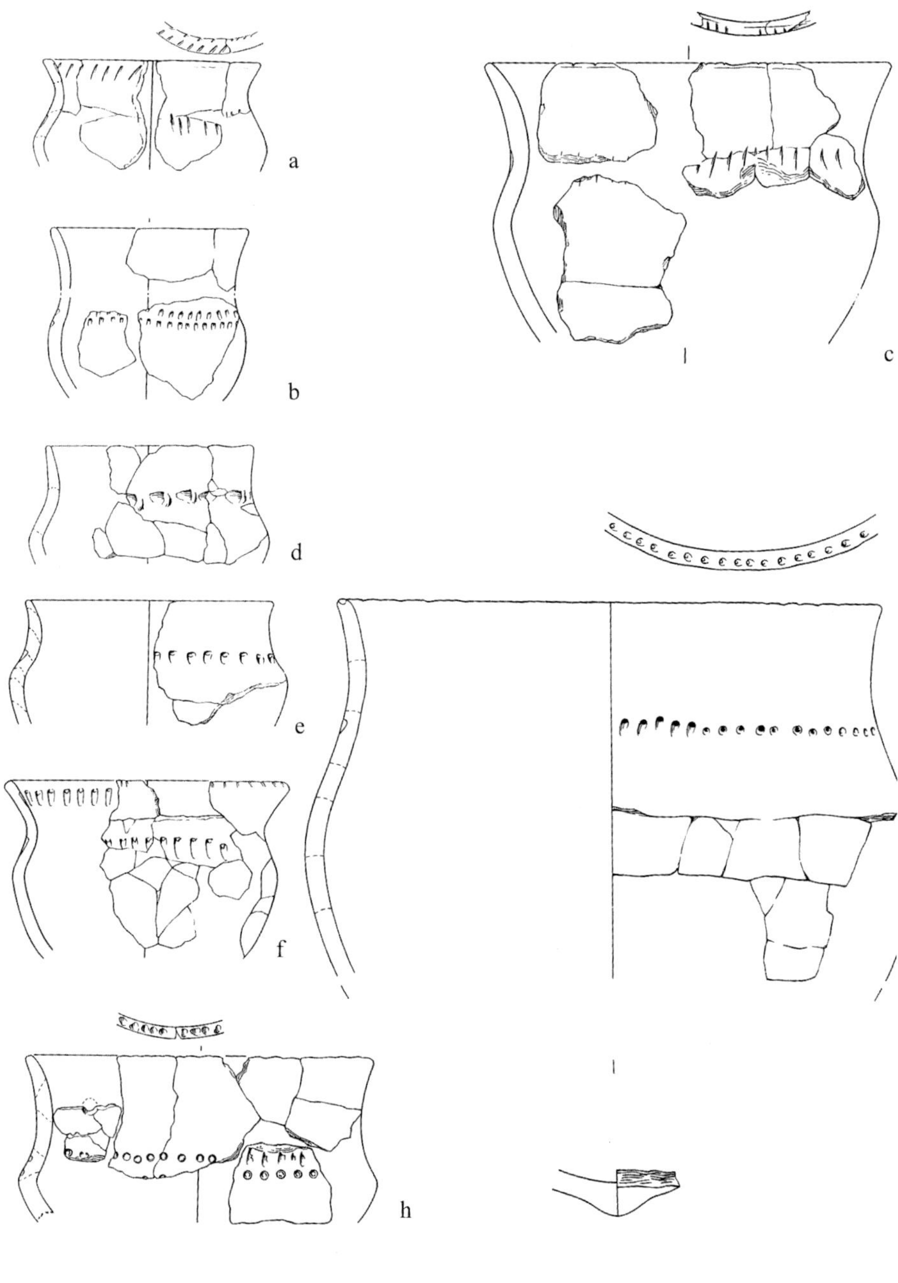

Afb. 6.6 ▸ Aardewerk met een versiering bestaande uit een rij indrukken, vindplaats Swifterbant S3, middenfase van de Swifterbantcultuur (monddiameters tussen 12 en 29 cm). Uit: De Roever 2004, fig. 10.

Afb. 6.7 ▹ Puntbodempot met een versiering van een rij indrukken (zie **afb. 6.4** linksonder). Uit: De Roever 2004, 190.

op de binnen- en buitenkant onder de rand, op de schouder en op de wand. In deze kenmerken is nu meer regionale verscheidenheid te zien. Uit het Maas-Rijngebied is aardewerk bekend met een Michelsbergstijl. Dit verraadt dat er nog steeds contacten waren met zuidelijker gelegen gebieden. De mensen in dit gebied waren ook zeer gecharmeerd van de wandversiering, terwijl de groepen in Flevoland vaker voor indrukken op de binnenzijde van de rand en op de schouder kozen. Enkele potten met knobbels en een klein potje in de stijl van het Bischheimaardewerk in Flevoland getuigen ook van verder weg gelegen contacten.

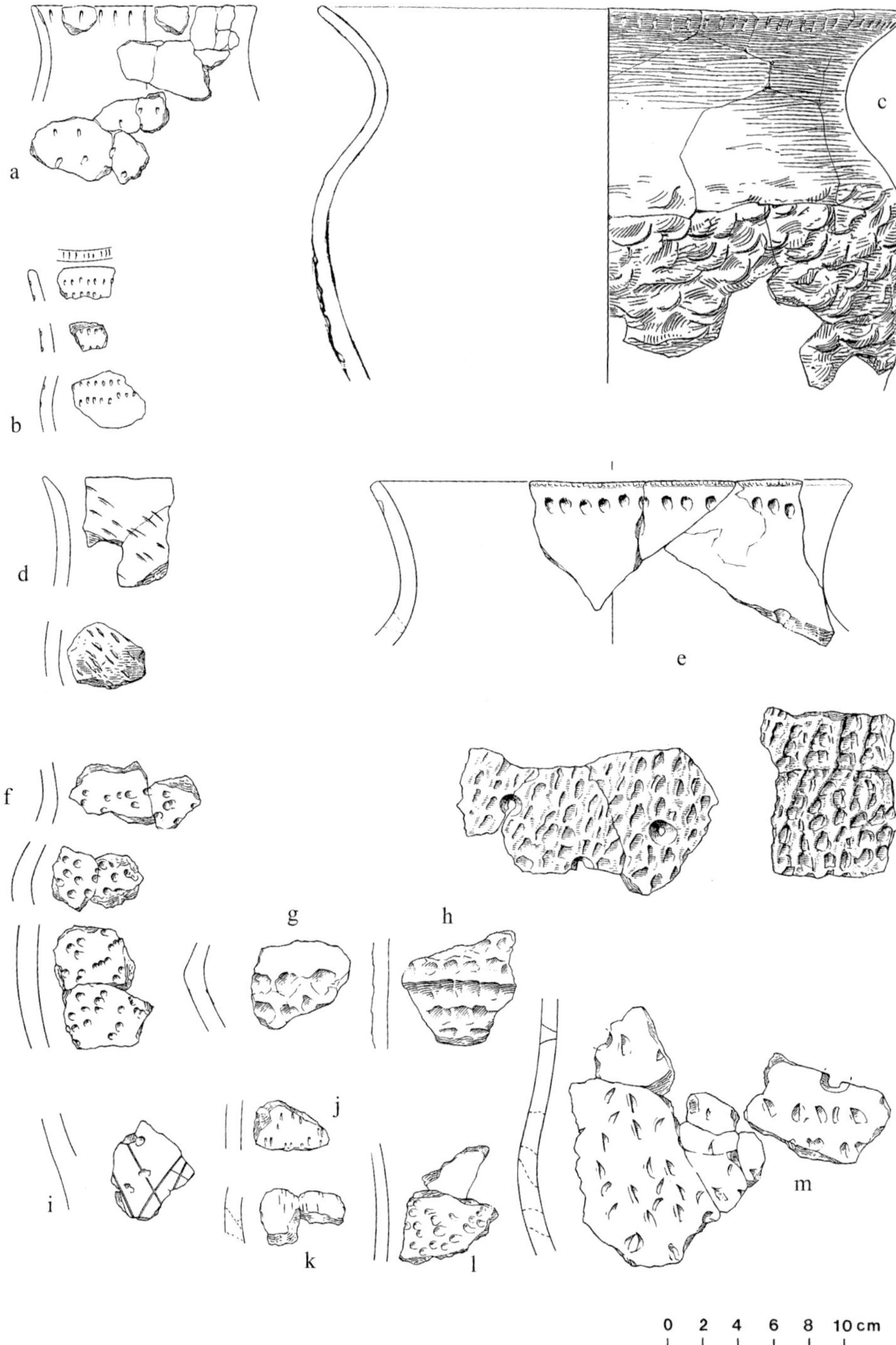

Afb. 6.8 ⊳ Wandversiering van aardewerk uit de vindplaats Swifterbant S3, middenfase van de Swifterbantcultuur (monddiameters tussen 15 en 35 cm). Uit: De Roever 2004, fig. 20.

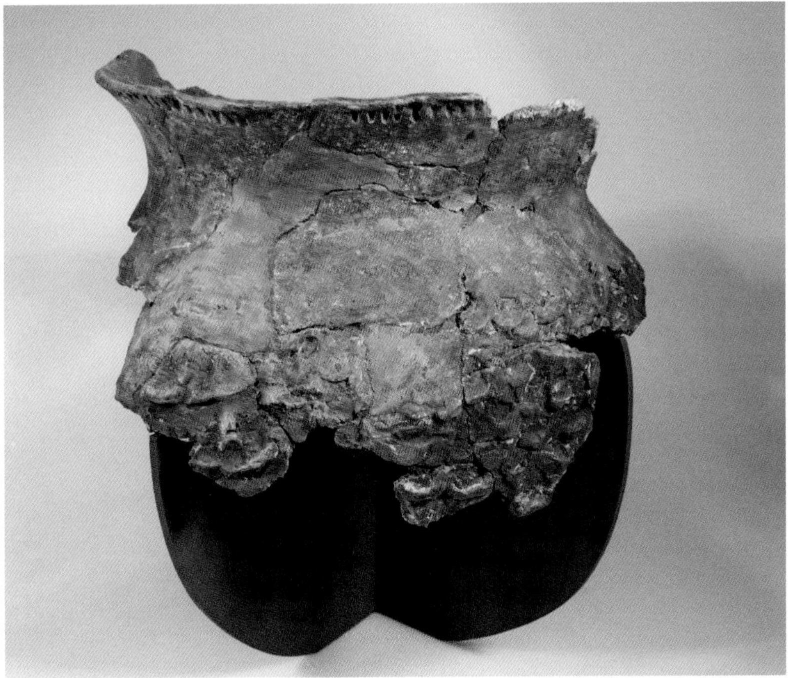

Afb. 6.9 ▸ Foto van de pot van **afb. 6.8** rechtsboven. Foto: Provinciaal Depot Bodemvondsten Flevoland.

De vindplaatsen bij Swifterbant, Flevoland, hebben de grootste hoeveelheid aardewerk opgeleverd. Kennelijk was het goed toeven daar. De pottenbakkers hadden een sterke voorkeur voor plantaardig materiaal als magering. Dit is ook een gemakkelijk verkrijgbaar product, voor stenen moet je verder van huis. Toch is ook steengruis in beperkte mate toegepast. Een kleirolletje dat toevallig in een haardje werd gebakken, getuigt ervan dat in Swifterbant potten zijn gemaakt.

Daarnaast zullen er ook potten van elders zijn meegenomen. Dit geldt zeker voor enkele potten die een betere kwaliteit hebben. Het aardewerk van de middenfase heeft de karakteristieke S-vorm met een ronde of puntige bodem met als uitzondering de twee kommen (**afb. 6.4 en 6.5**). De versiering bestaat uit rijen indrukken die gemaakt zijn door een stengel of stokje recht of schuin van onder naar boven in te drukken (**afb. 6.6 en 6.7**). Dit laatste had de voorkeur. Toch was de wandversiering geen exclusief kenmerk van de groep in het Maas-Rijngebied (**afb. 6.10**). In de laatste fase van de bewoning komt ook in de Swifterbantvindplaatsen wandversiering voor (**afb. 6.2, 6.8 en 6.9**). De wand op de pot is dan geheel overdekt met indrukken van spatels, vingertoppen en dergelijke, waarbij de klei soms werd opgeduwd zodat het oppervlak nog ruwer werd.

Een geringe hoeveelheid aardewerk is bekend uit het Scheldegebied (Doel-Deurganckdok, circa 4400 v. Chr.; **afb. 6.11**). Meestal gaat het om

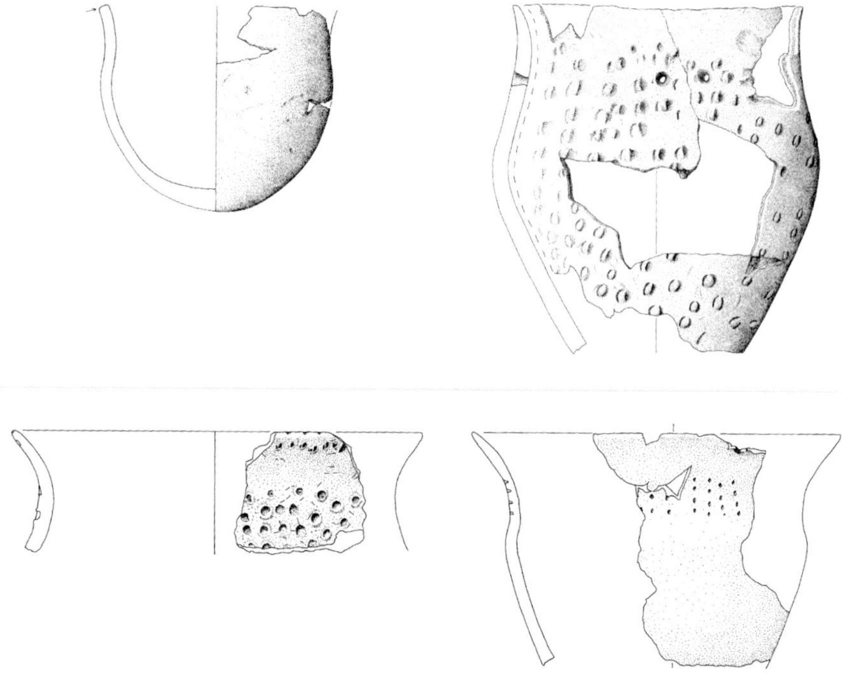

Afb. 6.10 ▸ Aardewerk uit de vindplaatsen Brandwijk (boven de streep) en Hazendonk (onder de streep), middenfase van de Swifterbantcultuur. Uit: Raemaekers & De Roever 2010, fig. 7, naar: Raemaekers 1999, fig. 3.9, 3.11 en3.17.

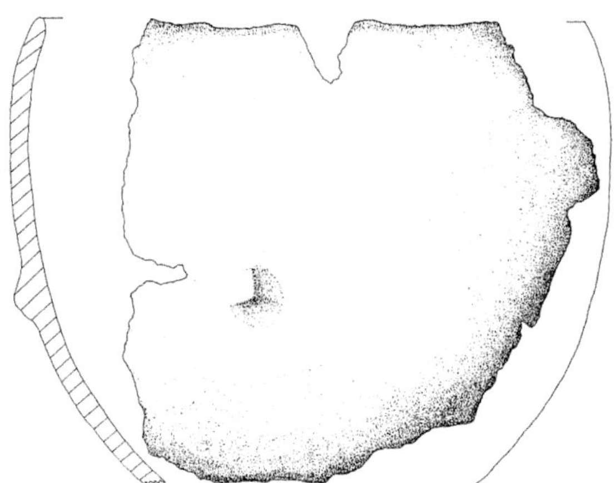

Afb. 6.11 ▸ Aardewerk uit de vindplaats Doel-Deurganckdok (België), middenfase van de Swifterbantcultuur (monddiameter 30 cm). Uit: Raemaekers & De Roever 2010, fig. 8, naar: Crombé *et al.* 2002, fig. 3.

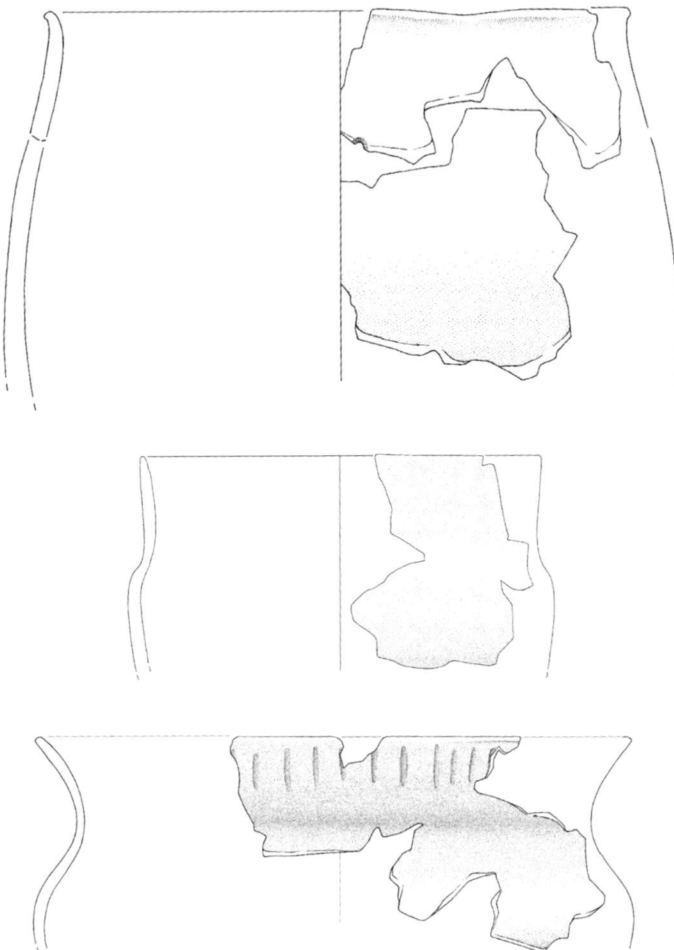

Afb. 6.12 ▸ Aardewerk uit de vindplaats Schokkerhaven, late fase van de Swifterbantcultuur (monddiameter 30 cm). Uit: Raemaekers & De Roever 2010, fig. 9, naar: Crombé *et al.* 2002, fig. 3.

S-vormige potten met ronde of puntige bodem, maar ook komvormen komen voor. De versiering bestaat uit smalle indrukken naast elkaar op de rand. Incidenteel zijn er ook indrukken onder de rand en enige al dan niet doorboorde knobbels.

De regionale verschillen worden in de late fase duidelijker. In het Rijn-Maasgebied werd de Swifterbantcultuur opgevolgd door de Hazendonk 2-groep, terwijl in het Vechtgebied, met als typerende vindplaats Schokkerhaven, het aardewerk tot de late fase van de Swifterbantcultuur wordt gerekend. Er zijn zowel S-vormige potten als meer gesloten vormen (**afb. 6.12**). De mode van versiering werd iets anders: vaker onversierd of versierd met een rij indrukken vooral op de buitenzijde onder de rand, soms op de schouder. Een enkele pot heeft wat verspreide indrukken op de wand. De jongst bekende vindplaats (3600-3400 v. Chr.) met een kleine hoeveelheid scherfjes is Wetsingermaar (Groningen). De technische kenmerken van dit aardewerk doen denken aan trechterbekeraardewerk. We kunnen hierin de overgang zien naar de trechterbekercultuur die we voornamelijk kennen als de 'hunebedbouwers' op de Drentse zandgronden.

Slot

Een discussiepunt over het aardewerk van de Swifterbantcultuur is of het idee om aardewerk te gaan maken en gebruiken werd overgenomen van de boeren van de bandkeramiek, die tussen 5300 en 4900 v. Chr. in Zuid-Limburg leefden, of dat het maken en gebruiken van aardewerk in Midden- en Noord-Nederland een eigen uitvinding was van de Swifterbantmensen. Op het moment dat zij aardewerk begonnen te maken, rond 5000 v. Chr., waren zij nog volledig jager-verzamelaar, ze hadden nog geen vee en akkers. Het idee om aardewerk te vervaardigen kan zijn overgenomen, maar dan is het vreemd dat de oudste potten van de Swifterbantcultuur niet op die van de bandkeramiek lijken, noch in stijl, noch in techniek. De puntbodem is specifiek voor het aardewerk van de jager-verzamelaars. Hun eigen techniek van rolopbouw is gebaseerd op vlechtwerk: je begint met de bodem en vlecht daaromheen de wilgentenen of biezen. Bij het aardewerk maak je van een klompje klei eerst de bodem en plakt vervolgens de kleirollen daaraan en aan elkaar vast. Ook de versiering, vaak een rij van indrukken, is anders dan die van de bandkeramiek en opvolgers. Dienden bandversieringen in vlechtwerk als voorbeeld voor de versieringen op Swifterbantaardewerk of staat deze versiering symbool voor iets anders?

In heel West- en Noord-Europa leefden buiten de gebieden van de boerengemeenschappen van de bandkeramiek en opvolgers mobiele jager-verzamelaarsgroepen. Het is opvallend dat niet alleen de Swifterbanters maar ook de andere jager-verzamelaargroepen, van Denemarken (Ertebøllecultuur), de Noord-Duitse laagvlakte (Hüde) tot in Polen en verder weg dezelfde techniek van rolopbouw gebruikten en puntbodempotten produceerden. Het zou kunnen dat jager-verzamelaargroepen het produceren van aardewerk van elkaar hebben overgenomen. Mogelijk speelde het koken van vis en weekdieren bij het in gebruik nemen van aardewerk een rol bij deze groepen. De ene groep is er eerder mee begonnen dan de andere. Het aardewerk in de eerste fase is vrij homogeen, maar na verloop van tijd veroorloofde men zich vrijheden in de versiering, mogelijk gebaseerd op de symbolische of rituele betekenis van materiële cultuur. Er ontstonden regionale verschillen.

Afb. 6.13 ▹ Gerestaureerde puntbodempot uit de vindplaats S3. Foto: Provinciaal Depot Bodemvondsten Flevoland.

Zou het kunnen dat de puntbodem inherent is aan de constructie, of dat hij misschien ook of vooral een symbolische betekenis had, of alleen maar een praktische? De puntbodem is voor een kookpot niet echt een vereiste, eigenlijk zelfs onhandig. Al deze jager-verzamelaargroepen leefden in een waterrijke omgeving waarin het vervoer over water in boomstamboten plaatsvond. Een puntbodempot kan een handige vorm zijn voor het vervoer, niet alleen vanwege de vorm (denk aan de Romeinse transportamforen), maar ook vanwege een betere weerstand tegen breuk. Een pot met een platte bodem is onhandig in een boomstamboot; hij staat al gauw scheef, wankel en valt om omdat de bodem van de boot niet recht is. Een pot met een bolle bodem kan in het midden van de kano staan, maar zal heen en weer rollen en vereist ondersteuning van bijvoorbeeld huiden of leren lappen.

Puntbodempotten vlei je tegen de boorden, met leren lappen eromheen die ze op hun plaats houden. Het midden van het vaartuig blijft dan over voor het vervoer van andere producten, waardoor de puntbodempot de meest 'economische' pot wordt. Vermoedelijk is hij daarom in deze culturen zo veel gebruikt. In de neolithische Michelsbergcultuur (4350-3400 v. Chr.) wordt een pottype met puntbodem geassocieerd met zouttransport uit een zoutmijn. De traditie van vervoer in dit soort potten zou dan overgeleverd kunnen zijn vanuit een jager-verzamelaarverleden. Maar misschien is de puntbodem toch minder relevant dan wij denken en geven we er te veel betekenis aan (**afb. 6.13**).

Literatuur

Crombé, P., M. Bats, F. Wuyts & J.-P. van Roeyen, 2004. Een derde vindplaats van de Swifterbantcultuur in het Deurganckdok te Doel (Beveren, Oost-Vlaanderen, België). *Notae Praehistoricae* 24, 105-107.

Crombé, Ph., Y. Perdaen, J. Sergant, J.-P. van Roeyen & M. van Strydonck, 2002. The Mesolithic-Neolithic transition in the sandy lowlands of Belgium: new evidence. *Antiquity* 76, 699-706.

Grooth, M. de & P. van de Velde, 2005. Colonists on the loess? Early Neolithic A: the Bandkeramik culture. In: L.P. Louwe Kooijmans, P.W. van den Broeke, H. Fokkens & A. van Gijn (eds.), *The prehistory of the Netherlands (volume 1)*. Amsterdam University Press, 219-241.

Haanen, P.L.P. & J.W.H Hogestijn, 2001. Aardewerk: morfologische en technologische aspecten. In: J.W.H. Hogestijn & J.H.M. Peeters (red.), *De mesolithische en vroeg-neolithische vindplaats Hoge Vaart-A27 (Flevoland)* (Rapportage Archeologische Monumentenzorg 79, deel 17). Amersfoort.

Harris, D.R., 1990. *Settling down and breaking groung: rethinking the neolithic revolution* (Twaalfde Kroonvoordracht). Amsterdam, Joh. Enschedé.

Hoof, L. van, 2005. Neolithisatie en ceramisatie: over puntbodemig aardewerk en hondbegravingen bij complexe jagers-verzamelaars-vissers in boreaal Eurazië. In: E. van Rossenberg, J. Hendriks, A. Bright & D. Smal (red.), *SOJAbundel 2002/2003, Symposium voor onderzoek door jonge archeologen.* Amsterdam/Leiden, 69-80.

Outram, Alan K., 2007. Hunter-gatherers and the first farmers. The evolution of taste in prehistory. In: P. Freedman (ed.), *Food. The history of taste*. London, Thames & Hudson, 35-61.

Peeters, J.H.M., 2007. *Hoge Vaart-A27 in context: towards a model of mesolithic land use dynamics as a framework for archaeological heritage management.* Amersfoort, RACM.

Raemaekers, D.C.M. 1999. *The Articulation of a 'New Neolithic'. The meaning of the Swifterbant Culture for the process of neolithisation in the western part of the North European Plain (4900-3400 BC)* (Archaeological Studies Leiden University 3). Proefschrift Universiteit Leiden.

Raemaekers, D.C.M., 2001a. Aardewerk en verbrande klei. In: L.P. Louwe Kooijmans (red.), *Hardinxveld-Giessendam Polderweg. Een mesolithisch jachtkamp in het rivierengebied (5500-5000 v. Chr.)* (Rapportage Archeologische Monumentenzorg 83). Amersfoort, 105-118.

Raemaekers, D.C.M., 2001b. Aardewerk en verbrande klei. In: L.P. Louwe Kooijmans (red.), *Hardinxveld-Giessendam De Bruin. Een kampplaats uit het Laat-Mesolithicum en het begin van de Swifterbant-cultuur (5500-4450 v. Chr.)* (Rapportage Archeologische Monumentenzorg 88), Amersfoort, 117-152.

Raemaekers, Daan C.M. & J. Paulien de Roever, 2010. The Swifterbantpottery tradition (5000-3400 BC): matters of fact and matters of interest. In: B. Vanmontfort, L. Louwe Kooijmans, L. Amkreuz & L. Verhart, *Pots, farmers and foragers* (Archaeological Studies Leiden University 20). Leiden, 135-150.

Roever, J.P. de, 2004. *Swifterbant-aardewerk. Een analyse van de neolithische nederzettingen bij Swifterbant, 5e millennium voor Christus* (Groninger Archaeological Studies 2). Proefschrift Rijksuniversiteit Groningen. Barkhuis & Groningen University Library.

Sergant, J., P. Crombé & Y. Perdaen, 2006. The sites of Doel « Deurganckdok » and the mesolithic/neolithic transition in the sandy lowlands of Belgium. In: J. Guilaine & P.-L. van Berg (eds.), *La Néolithisation-The Neolithisation Process, Acts of the XIVth UISPP Congress, University of Liège, Belgium, 2-8 September, 2001* (BAR International Series 1520). Oxford, 53-60.

Verneau, S.M.J.P., 2001. Aardewerk. In: F.J.C. Peters & J.H.M. Peeters (red.), *De opgraving van de mesolithische en neolithische vindplaats Urk-E4 (Domineesweg, gemeente Urk)* (Rapportage Archeologische Monumentenzorg 93). Amersfoort, 77-93.

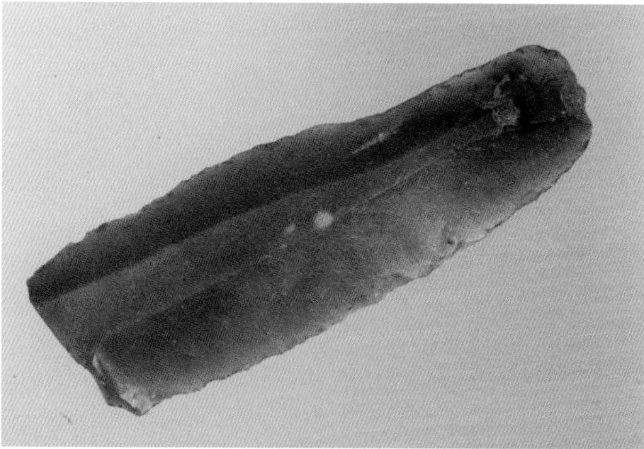

Afb. 7.1 ▸ Twee klingen, boven uit de vindplaats Hoge Vaart A27, onder uit de vindplaats Swifterbant S3. Foto's: Provinciaal Depot Bodemvondsten Flevoland.

Afb. 7.2 ▸ Twee trapeziumvormige pijlpunten, vindplaats Schokland P14. Foto's: Provinciaal Depot Bodemvondsten Flevoland.

7 Vuursteen

Izabel Devriendt

Inleiding

Vuursteen heeft enkele eigenschappen die het materiaal bij uitstek geschikt maken om er werktuigen van te maken. Het is erg hard (7 op de schaal van Mohs) – doch breekbaar – en ongelaagd, waardoor het in principe in iedere gewenste richting gespleten kan worden. Verse breukranden zijn extreem scherp en snijden met gemak door bijvoorbeeld vlees, huiden of plantaardige materialen.

Vuursteen vormde voor de mens in de steentijd een belangrijke grondstof om werktuigen van te maken én om er werktuigen mee te maken van andere grondstoffen, zoals hout, been en gewei. Vuursteen wordt dan ook wel het staal van de prehistorie genoemd. Ook voor de mensen van de Swifterbantcultuur vormde vuursteen een belangrijk goed. In dit hoofdstuk zullen we diverse aspecten van deze materiaalgroep belichten in relatie tot deze cultuur.

De herkomst van vuursteen

Het gesteente komt van nature voor in kalkafzettingen die tussen 65 en 125 miljoen jaar geleden (het zogenaamde krijt) op de zeebodem zijn ontstaan. Vuursteen bestaat in wezen uit een samenklontering (concretie) van kiezelzuur, een verbinding van siliciumdioxide met water die onder druk is uitgehard. Dat vuursteen in een zeemilieu is gevormd, blijkt uit de fossiele zee-egels, schelpjes en allerlei kiezelwieren die als verontreinigingen in het materiaal kunnen worden aangetroffen. In de kalkafzettingen wordt vuursteen doorgaans aangetroffen in de vorm van platen, knollen en pijpen.

Vuursteen kon tijdens de prehistorie op bepaalde plaatsen in Noordwest-Europa worden aangetroffen, namelijk daar waar kalk aan of nabij de oppervlakte aanwezig is, zoals in Zuid-Limburg, Midden-België en langs bijvoorbeeld de Noord-Franse, Engelse en Zuid-Scandinavische kusten. Verspoelde brokken vuursteen komen in Nederland ook voor in afzettingen van de Maas (zuidelijk vuursteen) en in keileem dat meer dan 130 duizend jaar geleden tijdens de voorlaatste ijstijd door het landijs in Noord-Nederland is afgezet (noordelijk vuursteen, met een herkomst uit Scandinavische gebieden). Op plaatsen waar dergelijke rivier- en keileemafzettingen nabij het oppervlak voorkwamen, kon dus vuursteen worden verzameld. Ook op de toenmalige stranden spoelden bij regelmaat vuursteenbrokken aan land.

De Swifterbantmens leefde – voor zover we weten – niet in gebieden waar vuursteen uit primaire kalklagen gewonnen kon worden. Desalniettemin lag met name het Flevolandse gebied niet ongunstig. Op diverse plaatsen in en net buiten de Noordoostpolder kon vuursteen van Scandinavische oorsprong worden gehaald uit keileemafzettingen, zoals bij Urk, Tollebeek, Schokland, Gaasterland en De Voorst. Naar het zuiden, op de Utrechtse Heuvelrug, in de omgeving van Blaricum/Huizen, komen oude Maasafzettingen aan de oppervlakte, zodat daar zuidelijke vuursteen kon worden gevonden. Daarnaast zijn er duidelijke aanwijzingen dat men ook knollen op stranden verzamelde. Dergelijk materiaal heeft kenmerkende botssporen veroorzaakt in de branding en er is sprake van een typerende verwering van het oppervlak. Het meeste vuursteen kon dus in de regio of op niet al te verre afstand worden verzameld. Zo nu en dan kwam er echter ook materiaal van grotere afstand in het Swifterbantgebied terecht. Het gaat dan om beperkte aantallen voorwerpen van vuursteen en kwartsiet uit Zuid-Limburg en België.

Vuursteenbewerkingstechnieken van de Swifterbantmens

Vuursteen kent veel kwaliteitsverschillen. Zo zijn er zeer fijnkorrelige, bijna glasachtige varianten, maar ook zeer grofkorrelige, stugge soorten. Daarnaast komen allerlei onregelmatigheden voor, zoals ingesloten fossielen en holtes. Bovendien kunnen er scheuren door de brokken lopen, die zijn veroorzaakt door op elkaar botsende stenen of door vorstinwerking. Al deze zaken waren van invloed op wat men met een stuk vuursteen kon doen. De bewerking van vuursteen was niet zomaar een aaneenschakeling van toevalligheden. De Swifterbanters hadden een duidelijk beeld van wat zij wilden maken en daartoe werden verschillende methoden en technieken uit de kast gehaald.

Als we naar de vuurstenen werktuigen van de Swifterbantcultuur kijken, zien we dat diverse typen (met name pijlpunten en mesjes) zijn gemaakt van regelmatige spanen, zogenaamde klingen. Klingen (**afb. 7.1**) werden in serie uit een vuursteenknol geslagen. Nadat de knol met behulp van een klopsteen in de juiste vorm was gebracht door er scherven (afslagen) van af te slaan en de kern van een slagvlak was voorzien, plaatste men aan de rand van dit slagvlak een zogenaamde drevel. Dat was een kort stuk hertengewei of een stuk hout, waarop vervolgens met een ander voorwerp, waarschijnlijk eveneens een stuk gewei of hout, werd geslagen. De spanning drong zo op een indirecte manier de vuursteenkern in, precies op de plaats waar de vuursteenbewerker dat wilde hebben.

Op deze manier konden op een bijzonder gecontroleerde wijze soms wel tientallen klingen van een kern worden afgespleten. Als dit niet meer mogelijk was, werd een kern dikwijls nog verder gereduceerd door met een steen nog enkele afslagen te verwijderen. Van kleinere knollen die ongeschikt waren voor het maken van klingen, werden met behulp van een klopsteen afslagen verwijderd. Ook deed men dit door knolletjes op een aambeeld te plaatsen en er met een steen op te slaan.

Deze klingen waren in feite halffabricaten voor werktuigen. Voor de Swifterbanters vormden de dunne en meest regelmatige exemplaren de basis voor mesjes en trapeziumvormige pijlpunten (**afb. 7.2**). Een mesje kon vrijwel onmiddellijk worden gemaakt van een kling, men hoefde hooguit enkele onregelmatigheden weg te tikken. Om de trapeziumvormige pijlpunten te maken deelde men de klingen echter op in kleinere stukken, waarvan twee zijden werden bijgewerkt door er kleine splinters af te tikken. We noemen dit retoucheren. In een latere fase maakten de Swifterbanters echter ook driehoekige en druppelvormige pijlpuntjes. Ze brachten deze in vorm door langs de randen dunne schilfers af te drukken met behulp van een puntig stuk gewei.

Van dikkere klingen, maar ook van afslagen werden weer andere werktuigen gemaakt, zoals schrabbers, ook wel krabbers genoemd, vuurmakers, boortjes en groefinstrumentjes, alle in vorm gebracht door de randen bij te retoucheren. Dit was ook noodzakelijk om minder scherpe, maar wel sterkere werkranden te krijgen.

Vuurstenen werktuigen

De vervaardiging van vuurstenen werktuigen is in wezen het begin van de levensloop van deze voorwerpen. Nadat de vuurstenen onderdelen waren vervaardigd, moesten ze worden voorzien van een handvat van hout, bot of gewei. Pijlpunten werden in een pijlschacht gezet. Pas daarna gingen ze een actieve rol spelen in het leven van de Swifterbantmensen.

Hoewel vuursteen erg hard is, wil dit niet zeggen dat de werktuigen niet konden slijten. Bij het gebruik ontstonden langs de randen kleine beschadigingen, of werden sneden bot. Ook konden microscopisch kleine krasjes ontstaan. Gebruikssporen noemen we dit, en door met behulp van een microscoop nauwgezet naar het soort en de richting van gebruikssporen te kijken, kan dikwijls worden vastgesteld wat men met een werktuig heeft gedaan en welke bewegingen men daarbij maakte.

Van de trapeziumvormige pijlpunten namen archeologen vroeger aan dat ze met een punt naar voren waren vastgezet in de schacht. De andere punten zouden dan als een soort weerhaak fungeren. Maar het onderzoek naar de slijtagesporen heeft aangetoond dat in de meeste gevallen de brede, scheermesvormige snede de punt van de pijl vormde. Dergelijke pijlen drongen misschien niet altijd even diep door in het lichaam, maar leverden wel bijzonder zwaar bloedende wonden op waardoor het dier snel leegbloedde. Bovendien was het bloedspoor van een vluchtend

Afb. 7.3 ▸ Twee schrabbers gebruikt voor het schoonmaken van huiden, vindplaats Swifterbant S3; elk van twee kanten. Foto's: Provinciaal Depot Bodemvondsten Flevoland.

dier voor jagers gemakkelijk te volgen indien het dier niet direct dood zou zijn geweest.

Beschadigde pijlpunten konden ook makkelijk worden vervangen door nieuwe. Het onderhouden van de pijlbewapening was misschien wel een dagelijkse aangelegenheid. Ook het vervaardigen van houten pijlschachten hoorde daarbij. Hiervoor gebruikte men zonder twijfel mesjes die van klingen waren gemaakt. Ook dit liet weer slijtagesporen na, waarschijnlijk als gevolg van het ontbasten van rechte scheuten.

Schrabbers werden door de Swifterbanters in allerlei vormen en maten gemaakt (**afb. 7.3**). Deze werktuigen dienden voor een belangrijk deel voor het schoonmaken van huiden. Op de vindplaats Hoge Vaart A27 werden vrijwel uitsluitend verse huiden verwerkt. Sporen die zijn veroorzaakt door het schoonkrabben van gedroogde huiden zijn hier nauwelijks aangetroffen. Op deze vindplaats komen naast deze schrabbers, bijna uitsluitend trapeziumvormige pijlpunten en mesjes voor, zodat de gedachte is dat de activiteiten van de Swifterbanters op deze plek voornamelijk verband hielden met de jacht.

Op andere vindplaatsen treffen we echter ook werktuigen aan die wijzen op andere activiteiten, zoals boortjes en groefinstrumenten voor de bewerking van hout, bot en gewei (**afb. 7.4 en 7.5**). Daarnaast treffen we vuurmakers aan (**afb. 7.6**), stukken vuursteen waarmee men in combinatie met pyriet vuur kon maken. Door beide langs elkaar te schampen ontstaan vonken die makkelijk brandbaar materiaal, zoals een tondelzwam, aan het gloeien kunnen krijgen. **Afbeelding 7.7 en 7.8** laten verschillende werktuigtypen zien.

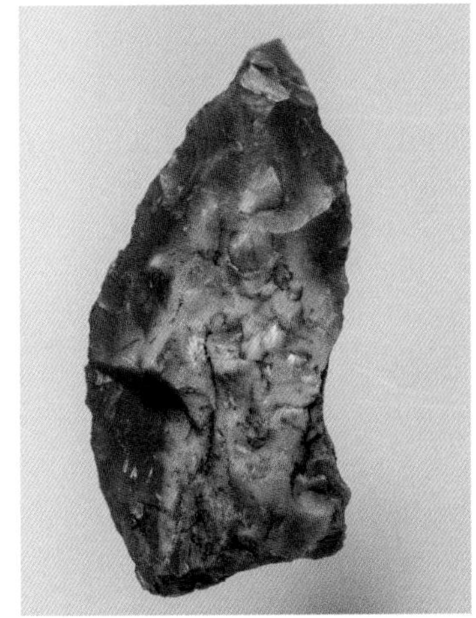

Afb. 7.4 ▸ Boortje om gaatjes te maken in hout, bot en gewei, van twee kanten, vindplaats Dronten N23. Foto's: Provinciaal Depot Bodemvondsten Flevoland.

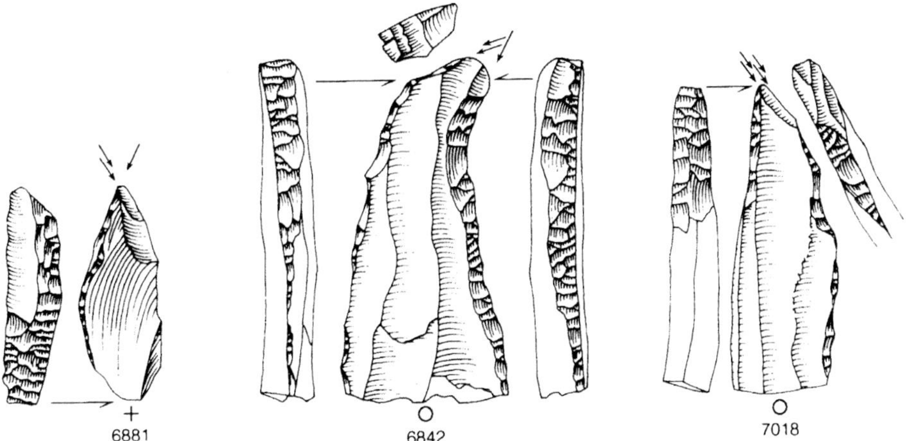

Afb. 7.5 ▸ Stekers om groeven in hout, bot en gewei te maken, vindplaats Schokland P14. Uit: Van der Kroft 2012, Fig. L.7.3.

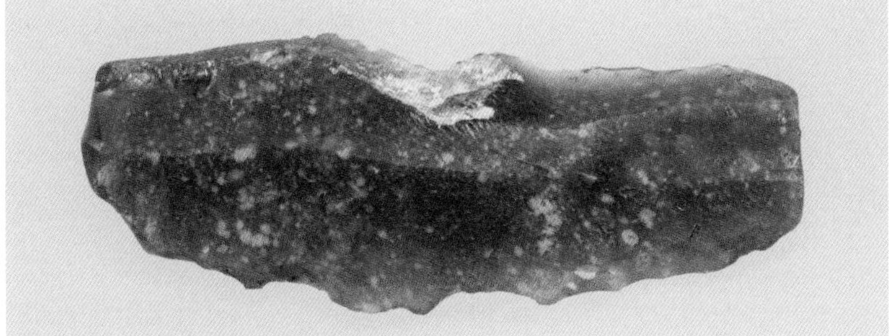

Afb. 7.6 ▸ Vuurmaker, vindplaats Swifterbant S2. Foto: Provinciaal Depot Bodemvondsten Flevoland.

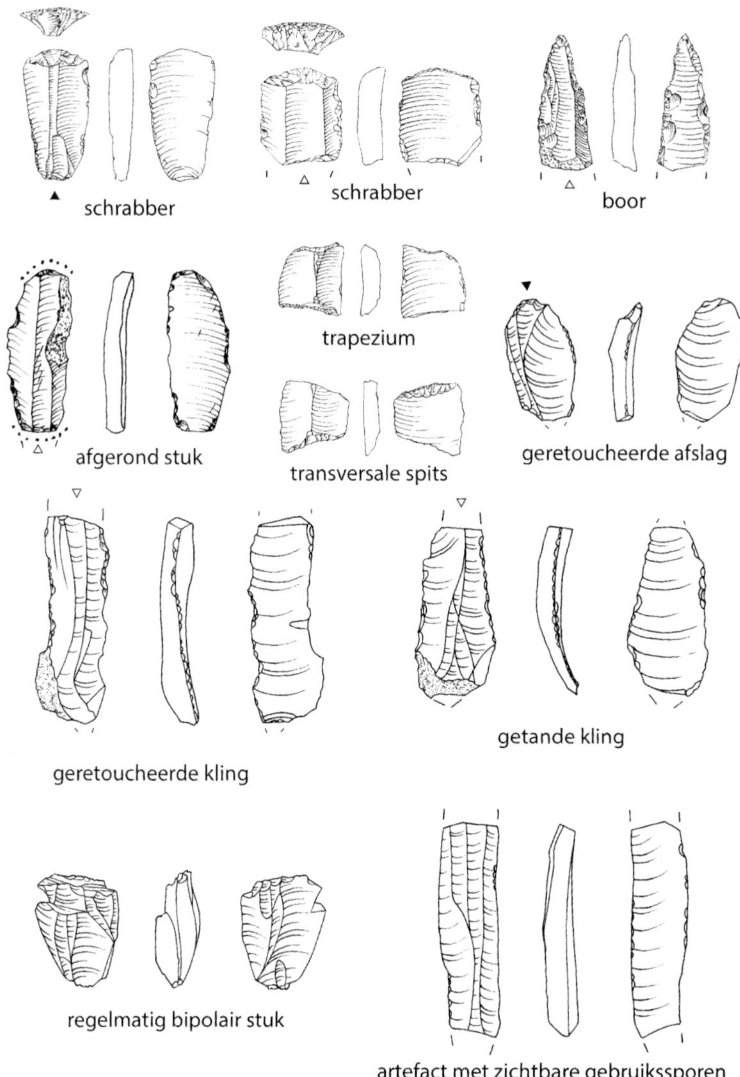

Afb. 7.7 ▸ Verschillende werktuigtypen van de vindplaats Swifterbant S2. Uit: Devriendt 2014, fig. 5.1.

Ander gebruik van vuursteen

In het algemeen wordt naar vuurstenen werktuigen en daaraan gerelateerd bewerkingsafval gekeken in relatie tot het directe gebruik ervan. Vuurstenen werktuigen werden gemaakt, gebruikt, onderhouden en uiteindelijk afgedankt. Maar het materiaal speelde ook nog een andere rol. Op de al genoemde vindplaats Hoge Vaart A27 zijn vuurstenen voorwer-

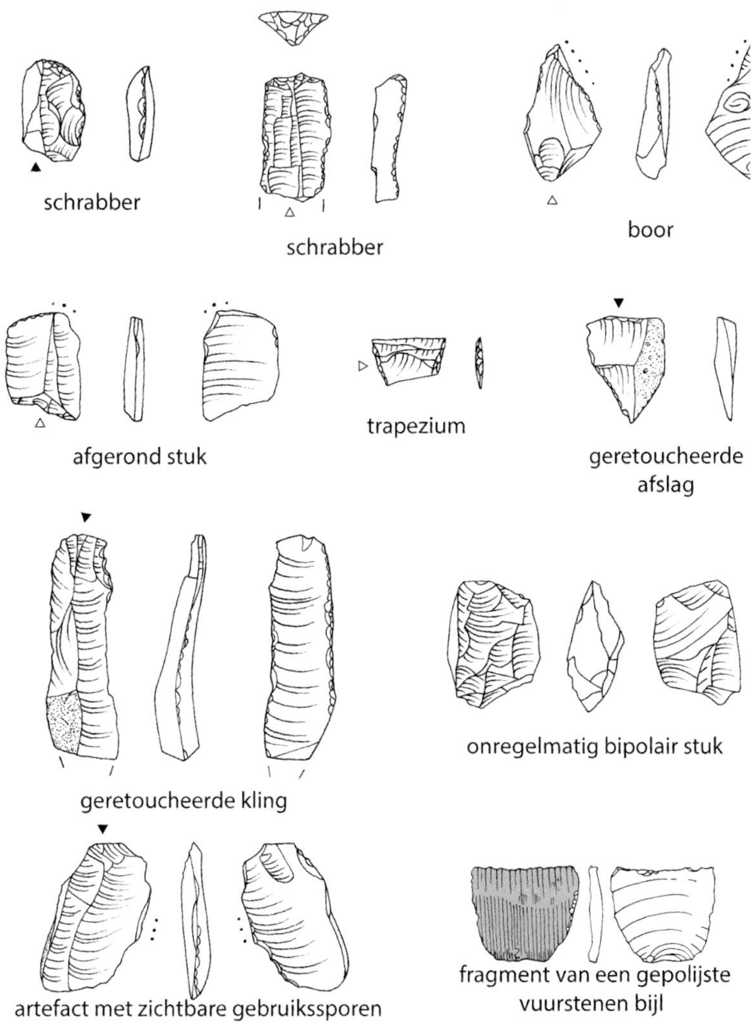

Afb. 7.8 ▸ Verschillende werktuigtypen van de vindplaats Swifterbant S4. Uit: Devriendt 2014, fig. 5.10.

pen in drie situaties aangetroffen, die we niet kunnen verklaren vanuit het economische perspectief. In een situatie is een 'nestje' opgebruikte kernstenen en grote afslagen aangetroffen in een veenlaag. In het tweede geval ging het om een hoeveelheid voorbewerkte knollen en kernen, eveneens aangetroffen in een veenlaag. En in het derde geval lagen 100 afslagjes in een kuiltje dat zelfs door het veen heen was gegraven. In alle drie situaties is duidelijk dat het vuursteen was gedeponeerd in een nat veenmoeras, op 15 tot 50 meter afstand van de bewoonde zandrug, ergens rond 4700 v.Chr. De drie groepjes lijken verschillende stadia in het proces van vuursteenbewerking te vertegenwoordigen.

Het lijkt er sterk op dat we hier van doen hebben met een ritueel gebruik. We kennen dat in andere vormen ook van andere vindplaatsen (zoals Urk-Domineesweg en Hardinxveld-Giessendam De Bruin) die tot de Swifterbantcultuur worden gerekend. Ook later in de prehistorie, bijvoorbeeld in de tijd van de hunebedbouwers, is de rituele depositie van objecten in veenmoerassen een bekend verschijnsel. Dikwijls gaat het om de fraaiste voorwerpen, zoals grote bijlen die afkomstig zijn uit Zuid-Scandinavië. Het geeft aan dat het leven van de Swifterbantmensen niet louter werd bepaald door economisch gewin en het vullen van de maag.

Literatuur

Beuker, J.R., 1983. *Vakmanschap in vuursteen*. Assen, Provinciaal Museum van Assen.

Deckers, P.H., 1979. The flint material from Swifterbant, earlier Neolithic of the northern Netherlands. I, sites S-2, S-4 and S-51. Final reports on Swifterbant II. *Palaeohistoria* 21, 143-180.

Devriendt, I., 2014. *Swifterbant Stones, The Neolithic stone and flint industry at Swifterbant (the Netherlands)* (Groningen Archaeological Studies 25). Proefschrift Rijksuniversiteit Groningen. Barkhuis & Groningen University Library.

Gijn, A.L. van, V. Beugnier & Y. Lammers-Keijsers, 2001. Vuursteen. In: L.P. Louwe Kooijmans (red.), *Hardinxveld-Giessendam Polderweg. Een mesolithisch jachtkamp in het rivierengebied (5500-5000 v.Chr.)* (Rapportage Archeologische Monumentenzorg 83). Amersfoort, 119-162.

Gijn, A.L. van, Y. Lammers-Keijsers & R. Houkes, 2001. Vuursteen. In: L.P. Louwe Kooijmans (red.), *Hardinxveld-Giessendam de Bruin. Een kampplaats uit het Laat-Mesolithicum en het begin van de Swifterbant-cultuur (5500-4450 v.Chr.)* (Rapportage Archeologische Monumentenzorg 88). Amersfoort, 153-192.

Kroft, P. van der, 2012. Het vuursteen van P14 – werkput 1989-17. Vroeg- en middenneolithische vondsten uit een stratigrafisch gelede verzameling. In: T.J. ten Anscher, *Leven met de Vecht. Schokland-P14 en de Noordoostpolder in het Neolithicum en de Bronstijd*. Zutphen (proefschrift Universiteit van Amsterdam), 617-676.

Peeters, J.H.M., J. Schreurs & S.M.J.P. Verneau, 2001. Vuursteen: typologie, technologische organisatie en gebruik. In: J.W.H. Hogestijn & J.H.M. Peeters (red.), *De mesolithische en vroeg-neolithische vindplaats Hoge Vaart-A27 (Flevoland)* (Rapportage Archeologische Monumentenzorg 79, deel 18). Amersfoort.

8 Het goud uit de zee. Barnstenen kralen en natuurstenen hangers

Izabel Devriendt

Inleiding

Hangers en kralen van verschillende grondstoffen zijn in Swifterbant gevonden in graven en los in de woonplaatsen. De bekendste zijn die van 'de hoofdman' (**afb. 8.1**). Zijn foto doet al jaren de ronde en verschijnt nog geregeld in nieuwe publicaties. Toch herbergt de ondergrond van Swifterbant veel meer geheimen. Treed binnen in de archeologische wereld en maak kennis met de kleine, maar prachtige schatten van Swifterbant.

Grondstoffen voor hangers

Tot op de dag van vandaag spreekt barnsteen tot ieders verbeelding. Het heeft een warme kleur, is gemakkelijk te bewerken en geeft statische elektriciteit af als je erover wrijft. Aspecten die allicht ook in de prehistorie bekend en gewaardeerd werden. Barnsteen is een fossiel hars dat uit het Oostzeegebied afkomstig is. De naaldbomen die dit hars gedurende het eoceen (55,8-33,9 miljoen jaar geleden) produceerden, vormden daar toen een groot woud dat in latere tijden afgedekt is. In deze afzettingen kon het hars gedurende vele duizenden jaren fossiliseren. Door de stijging van de zeespiegel gingen deze lagen uiteindelijk eroderen en kwam het barnsteen vrij.

Omdat het fossiele hars lichter is dan zout water, drijft het mee op de zeestromen en spoelt het aan op de kusten van het Oostzeegebied, maar ook verder weg. De zeestromingen brengen het barnsteen zo ver zuidelijk dat het ook aan de Nederlandse noord- en westkust en de Engelse oostkust geregeld aanspoelt. Zelfs grote brokken kunnen over lange afstanden getransporteerd worden. Dit was in de prehistorie niet anders. Ook op andere plaatsen in Nederland komt barnsteen voor, maar dan in de ondergrond. Tijdens de ijstijden hebben gletsjers uit Scandinavië zand en zwerfkeien, maar ook barnsteen, in het noorden van Nederland afgezet in de vorm van keileem.

Ook hangers en kralen vervaardigd uit andere materialen zoals dierentanden, dierlijk bot en natuurstenen kiezelsteentjes werden in Swif-

Afb. 8.1a ▸ Schedel en deel van de romp van het skelet van een man, 'de hoofdman' (zie **afb. 9.2**), vindplaats Swifterbant S2. Foto: Rijksuniversiteit Groningen, Groninger Instituut voor Archeologie.

Afb. 8.1b ▸ Barnstenen hangers en kralen en natuurstenen hanger gevonden rond de schedel van 'de hoofdman', vindplaats Swifterbant S2. Foto: Provinciaal Depot Bodemvondsten Flevoland.

Afb. 8.2 ⊳ Kraal vervaardigd uit een wervel van een meerval, vindplaats Swifterbant S3. Foto: Provinciaal Depot Bodemvondsten Flevoland.

terbant opgegraven. Platte kiezelsteentjes, soms ook schuifsteentjes genoemd, waren begeerde objecten en zijn dat nog steeds. Wie heeft er als kind niet met zijn of haar gelukssteentje weken op zak gelopen en menig moeder en wasmachine tot waanzin gedreven? Deze schuifsteentjes kunnen gevonden worden in de Rijn- en Maas-afzettingen in Midden-Nederland, maar komen ook voor in de keileemafzettingen van Noord-Nederland.

Dierentanden en –wervels worden al sinds mensenheugenis tot hangers en kralen omgevormd. We kennen ze al uit de oude steentijd maar ook tijdens de midden- en nieuwe steentijd werden ze veelvuldig gebruikt. Hoewel bij Swifterbant slechts één kraal uit dierlijk bot, een wervel van een meerval, is vervaardigd (**afb. 8.2**), komen dergelijke kralen in de prehistorie wel vaker voor. Voor hangers werden vaak de tanden van paarden, runderen, everzwijnen, of zelfs honden en otters gebruikt. Ook zij werden van een doorboring voorzien.

Toch roept het gebruik van deze verschillende grondstoffen nog vele vragen op. Zo zijn de enige twee paardentanden die zijn opgegraven, allebei tot hanger omgevormd, terwijl er van het grote aantal snijtanden van bevers geen enkele is doorboord. Deze snijtanden splijten waarschijnlijk te gemakkelijk om ze op die manier als hanger geschikt te maken. Maar aangezien er op de bevertanden geen bewerkingssporen zichtbaar zijn, is het moeilijk vast te stellen of zij misschien op een andere manier gedragen werden.

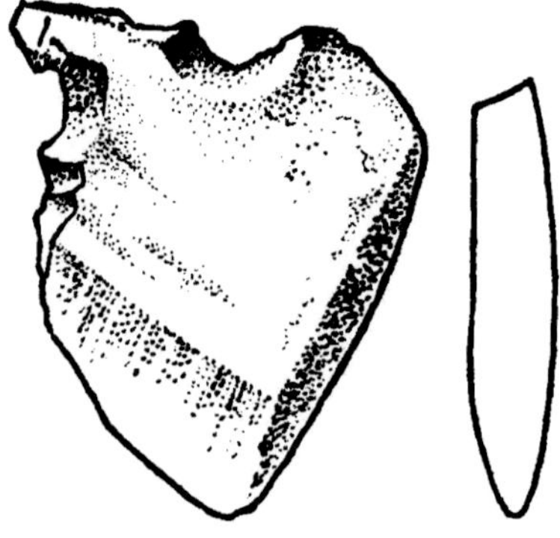

Afb. 8.3 ▸ Hanger vervaardigd uit een hoektand van een wild zwijn gevonden op de romp van het skelet van de 'hoofdman', vindplaats Swifterbant S2. Tekening uit: Devriendt 2014, plate 4.

Vondstomstandigheden waarin hangers werden aangetroffen

De kleine schatten van Swifterbant zijn mooie hangers en kralen die door archeologen gevonden zijn in twee typen vondstcontexten. Het ene deel van de sieraden is in graven ontdekt, het andere deel is verspreid in de cultuurlagen van de vindplaatsen aangetroffen. Beide vondstcontexten zullen apart besproken worden.

Tot nog toe zijn er drie grafvelden gevonden op de vindplaatsen te Swifterbant. Op vindplaatsen S2, S21 en S22/S23 zijn respectievelijk tien, zes en zeven individuen opgegraven. Van S11 zijn twee graven bekend; op S4 werd in 2005 het graf van een kind blootgelegd (zie ook hoofdstuk 2). Hoewel dit voorlopig het enige graf is dat op deze vindplaats is aangetroffen, is het niet ondenkbaar dat er daar nog meer graven in de bodem schuilgaan.

Op de vindplaats S2 waren een volwassen man en een volwassen vrouw met hangers en kralen begraven. De man staat bekend als 'de hoofdman van Swifterbant'. Rond zijn hoofd was een snoer gebonden met drie barnstenen hangers en twee barnstenen kralen. Nabij het oor van de man werd een natuurstenen hanger ontdekt en op zijn borst lag een hanger vervaardigd uit een stukje hoektand van een everzwijn (wild zwijn; **afb. 8.3**). Deze rijke vondst en de bijpassende foto's hebben ertoe geleid dat deze man na de opgraving tot 'hoofdman' werd benoemd.

Maar was deze man wel de leider van zijn groep? Dit idee komt onder druk te staan als we kijken naar de rijke vondsten in het graf van de volwassen vrouw: zeven barnstenen kralen en hangers lagen als een snoer om haar hals, terwijl een achtste barnstenen kraal op haar bekken werd gevonden (**afb. 8.4**). Jammer genoeg werd het vrouwengraf tijdens de opgraving verstoord door vandalen. Hierdoor is het niet volledig zeker dat de schedel met nog eens drie hangers rond het hoofd tot dit graf behoorde (**afb. 8.5**). Naar alle waarschijnlijkheid is dit wel het geval zodat het totale aantal ornamenten voor de vrouw elf bedraagt. Dit overtreft het aantal van de man.

Afb. 8.4 ▸ Barnstenen hanger gevonden op het bekken van het skelet van een vrouw op vindplaats Swifterbant S2. Foto: Provinciaal Depot Bodemvondsten Flevoland.

Afb. 8.5 ▸ Barnstenen hanger gevonden bij een schedel die vermoedelijk behoorde tot het graf van een vrouw op vindplaats Swifterbant S2. Foto: Provinciaal Depot Bodemvondsten Flevoland.

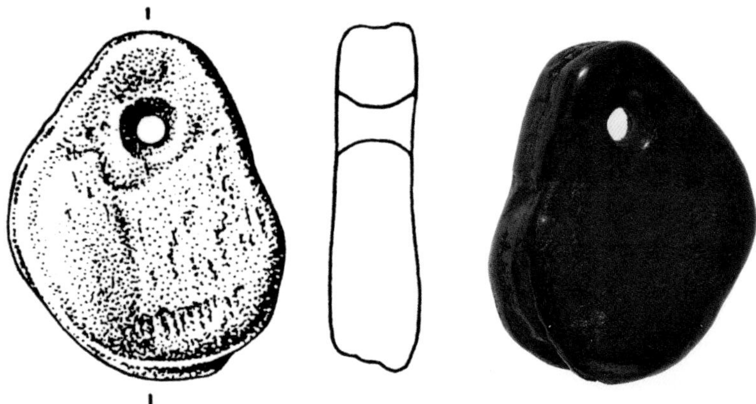

Afb. 8.6 ▸ Hanger vervaardigd uit git gevonden bij een schedel op vindplaats Swifterbant S22/S23. Tekening uit: Devriendt 2014, fig. 4.11. Foto: Provinciaal Depot Bodemvondsten Flevoland.

Maar kwantiteit is niet alles. Menig man en vrouw zouden zeggen dat ook grootte van belang is. Het moet toegegeven worden: de drie hangers uit de hoofdtooi van de man zijn de grootste van alle Swifterbant-ornamenten.

Er zijn twee kindergraven gevonden, een op S2 en een op S4. In dat op S4 werd ook een barnstenen hanger blootgelegd. De kleine hanger bevond zich bij de knie van het kind. Een laatste en tevens opmerkelijke grafvondst is de hanger uit git, gevonden op S22/S23 (**afb. 8.6**). De hanger bevond zich onder het oor. Deze vondst is zo speciaal omdat deze hanger het enige artefact uit Swifterbant is dat uit deze grondstof is vervaardigd.

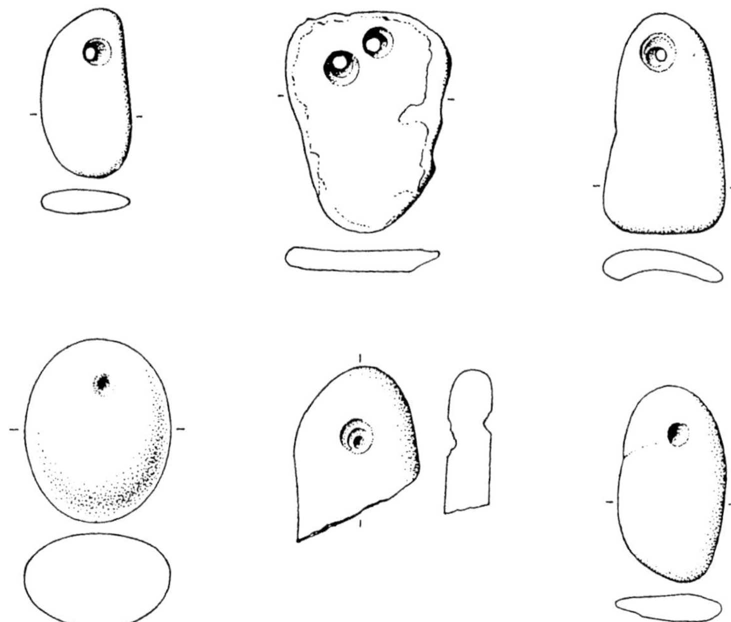

Afb. 8.7 ▸ Hangers en halffabricaten vervaardigd uit natuursteen, vindplaats Swifterbant S3. Tekening uit: Devriendt 2014, plates 22-23.

Er kan dus geconcludeerd worden dat een groot deel van de ornamenten in graven zich rond of op het hoofd bevond. Dit is het deel van het lichaam dat het beste zichtbaar is tijdens het leven. Het is daarom ook logisch dat ornamenten vaak op die plaats gedragen werden. Sommige mensen zien het hoofd als het meest 'verheven' lichaamsdeel en verklaren zo de positie van de sieraden aldaar.

Maar waarom werden sommige mensen met kralen en hangers begraven en anderen niet? Zijn het grafgiften of moeten de ornamenten gezien worden als persoonlijk eigendom of eerder als een statussymbool? Vondsten in een graf hoeven echter niet het dagelijkse leven te weerspiegelen. Misschien droegen er wel meer mensen kralen en hangers tijdens het leven dan de enkelen die ermee begraven zijn. En hoewel uit etnografische bronnen blijkt dat status en rijkdom vaak worden aangeduid met ornamenten uit niet lokale, prestigieuze materialen, zijn er ook andere manieren om in aanzien te geraken, bijvoorbeeld door persoonlijke kwaliteiten en prestaties.

Kortom ten aanzien van het grafritueel heeft Swifterbant nog niet al zijn geheimen prijsgegeven. Waarom heeft bijvoorbeeld de volwassen man een zwijnentand meegekregen in zijn graf en de vrouw en het kind niet? En was het dan een amulet, een statussymbool of gewoon een juweel?

Afb. 8.8 ▸ Hanger vervaardigd uit een paardensnijtand, vindplaats Swifterbant S3. Foto: Provinciaal Depot Bodemvondsten Flevoland.

Afb. 8.9 ▸ Hanger vervaardigd uit een rundersnijtand, vindplaats Swifterbant S3. Foto: Provinciaal Depot Bodemvondsten Flevoland.

De meeste barnstenen ornamenten zijn echter los in de cultuurlaag gevonden. Zij kunnen verloren zijn gegaan, of zijn weggeworpen, maar even goed als offer zijn geschonken aan een hogere macht. In totaal werden op alle vindplaatsen 44 barnstenen hangers, kralen en fragmenten daarvan opgegraven.

Naast deze vondsten zijn er ook nog vele hangers en kralen uit natuursteen, dierentand en dierlijk bot gevonden. In totaal werden 26 natuurstenen hangers op de verschillende vindplaatsen aangetroffen (**afb. 8.7**). Ze zijn meestal vervaardigd uit schuifsteentjes van (kwartsitische) zandsteen, en zelden uit schist of radiolariet. Voor de 17 hangers van dierentand werden die van rund, wild zwijn, paard, otter en hond gebruikt (**afb. 8.8 en 8.9**). Daarnaast werd er de bovengenoemde doorboorde wervel van een meerval aangetroffen (**afb. 8.2**).

Productiewijze van hangers

Het vervaardigen van deze hangers en kralen was vrij eenvoudig. Het klompje barnsteen, het schuifsteentje of de tand werd alleen doorboord; geen andere vormgeving of versiering werd aangebracht. Het doorboren gebeurde hoogstwaarschijnlijk met de vuurstenen boortjes die op de vindplaatsen gevonden zijn. Dit blijkt uit de zandlopervormige doorsnede van

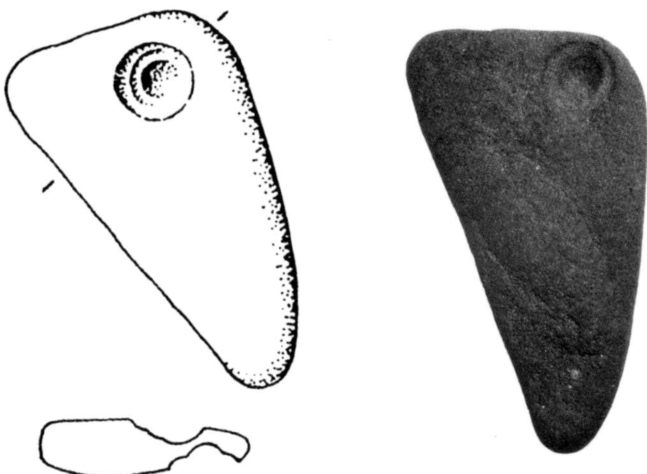

Afb. 8.10 ▸ Halffabricaat vervaardigd uit natuursteen, vindplaats Swifterbant S3. Tekening uit: Devriendt 2014, plate 23. Foto: Provinciaal Depot Bodemvondsten Flevoland.

de perforaties en de draaisporen hierin. Enkel een volle, harde boor laat zulke sporen na. Een holle boor zou een rechte doorboring achterlaten.

Elke materiaalsoort heeft een eigen hardheid, die effect heeft op de productie of zelfs mislukte productie van een artefact. Er zijn in Swifterbant twee pogingen ondernomen om keitjes uit kwarts of kwartsiet te doorboren. Dit is nochtans een van de hardste mineralen en moeilijk te doorboren met een vuurstenen boortje. De twee pogingen zijn dan ook heel snel gestaakt met halffabricaten tot gevolg.

Een groot deel van de natuurstenen hangers gevonden te Swifterbant zijn halffabricaten. Vaak is een foutieve uitlijning van de doorboring hiervan de oorzaak (**afb. 8.10**). Er zijn ook schuifsteentjes waar niets mee gebeurd is en die mogelijk toch als talisman meegedragen kunnen zijn. De hangers van dierentand werden vaak doorboord in de wortel, het zachtste gedeelte van de tand. Van het gat in de meervalwervel is het door de slechte staat van conservering niet vast te stellen hoe het gemaakt is.

Doorboring met vuurstenen boortjes werd vermoedelijk bij alle hangers en kralen uit de verschillende grondstoffen toegepast. Dit is echter niet helemaal zeker omdat de ornamenten in verschillende productiecentra vervaardigd lijken te zijn, die echter niet allemaal bekend zijn. Van de natuurstenen hangers zijn onbewerkte steentjes, halffabricaten en afgewerkte producten op de Swifterbantvindplaatsen gevonden. Dit wijst op een productie op de vindplaatsen zelf.

Van de barnstenen hangers en kralen zijn enkel de afgewerkte producten gevonden en geen ruwe klompjes grondstof en mislukte pogingen. Dit wijst erop dat de barnstenen hangers en kralen als afgewerkte producten naar de vindplaats zijn gebracht. Toch hoeft dit niet te betekenen dat deze ornamenten in het Oostzeegebied vervaardigd zijn. Zoals boven vermeld komt barnsteen bijvoorbeeld ook aan de kusten van Nederland voor. Het is dan ook aannemelijk dat de stukken barnsteen aan de Nederlandse kust omgevormd werden tot hangers en dan naar de Swifterbantwoonplaatsen gebracht werden.

Ditzelfde geldt voor de hanger uit git. Ook van dit gesteente zijn geen onbewerkte stukken of halffabricaten opgegraven. Meer nog, de git hanger is het enige artefact uit git dat op de Swifterbantvindplaatsen werd aangetroffen. Het is dan ook naar alle waarschijnlijkheid een importstuk, afkomstig van de kust van Midden-Nederland, België of zelfs Noordwest-Frankrijk.

De herkomst van de doorboorde dierentanden is niet eenvoudig te bepalen. De onbewerkte vormen komen op de Swifterbantvindplaatsen voor, net als de afgewerkte producten. Halffabricaten werden echter nog niet opgegraven. Dit kan verschillende oorzaken hebben. Mogelijk zijn de tanden ook van elders afkomstig en zijn de onbewerkte stukken gewoon slacht- en jachtafval.

Het kan ook zijn dat het doorboren van tanden zo gemakkelijk was dat het nooit mislukte en dat daardoor de productie ter plaatse geen halffabricaten naliet. Het is niet uit te sluiten dat sommige onbewerkte tanden op een andere manier gedragen zijn, al dan niet als talisman bijvoorbeeld in een zakje aan de kleding of om de gordel, net als de schuifsteentjes zonder doorboring, of gewoon met een koordje om de hals. Het bewijst echter wel dat er nog veel te ontdekken valt over deze kleine, bijzondere pareltjes van vondsten.

Literatuur

Devriendt, I., 2014. *Swifterbant Stones, The Neolithic stone and flint industry at Swifterbant (the Netherlands)* (Groningen Archaeological Studies 25). Proefschrift Rijksuniversiteit Groningen. Barkhuis & Groningen University Library.

Kielman, D., 1985. *De sieraden van de prehistorische vindplaatsen bij Swifterbant (Oost-Flevoland, Nederland)*. Doctoraal scriptie, Rijksuniversiteit Groningen.

Spronsen, E.A., 1977. Barnsteen. *Grondboor en Hamer, Tijdschrift van de Nederlandse Geologische Vereniging* 31.5, 130-152.

Waterbolk, H.T., 1991. Amber on the coast of the Netherlands. In: H. Thoen, J. Bourgeois, F. Vermeulen, P. Crombé & K. Verlaect (eds.), *Liber Amicorum Jacques A.E. Nienquin* (Studia Archaeologia, Universiteit Gent), 201-209.

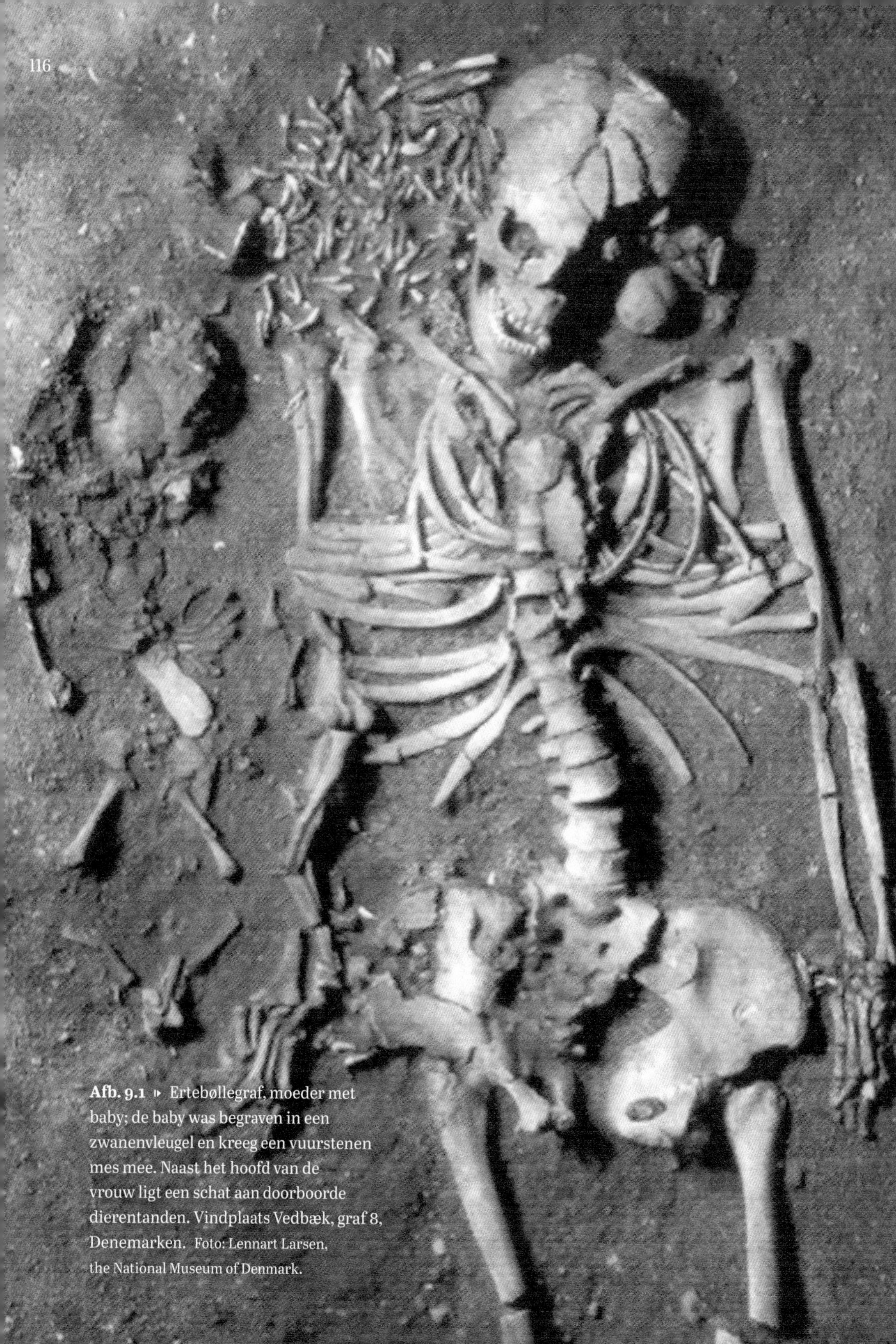

Afb. 9.1 ▸ Ertebøllegraf, moeder met baby; de baby was begraven in een zwanenvleugel en kreeg een vuurstenen mes mee. Naast het hoofd van de vrouw ligt een schat aan doorboorde dierentanden. Vindplaats Vedbæk, graf 8, Denemarken. Foto: Lennart Larsen, the National Museum of Denmark.

9 Het grafritueel

André van Holk

Inleiding

Het grafritueel behoort tot die terreinen van prehistorische samenlevingen, die een tipje van de sluier van het gedachtegoed van de toenmalige mensen, kunnen oplichten. Een sprekend voorbeeld is het Deense Ertebølle-graf van een moeder met baby (**afb. 9.1**). De baby ligt op een zwanenvleugel. Dit betekent dat men de dood niet opvatte als een definitief einde. Het getuigt van een bepaalde voorstelling over een hiernamaals. Interessant in dit verband is het kinderliedje dat tot op de dag van vandaag wordt gezongen:

"Witte zwanen, zwarte zwanen
Wie wil er mee naar Engeland (engelenland) varen
Engeland (engelenland) is gesloten, de sleutel is gebroken
Is er dan geen timmerman, die die sleutel maken kan
Laat doorgaan, laat doorgaan
Wie achter is moet voorgaan"

In dit liedje speelt de zwaan eveneens een rol bij de overgang van dit leven naar een volgend leven. Opmerkelijk is dat de zwaan 6000 jaar geleden, maar ook in het recente verleden symbool stond voor de schakel tussen leven en dood. Dat juist de zwaan, als grote, sterke vogel, symbool staat voor deze 'verre reis' is niet zo verwonderlijk.

Wellicht de meest bekende vondst gedaan bij de opgravingen nabij Swifterbant is het skelet van een volwassen man, die bekend staat onder de naam 'de hoofdman van Swifterbant' (**afb. 9.2**). Dit is niet het enige Swifterbantskelet dat we kennen. In totaal zijn 37 bijzettingen van de Swifterbantcultuur (5000-4300 v. Chr.) in Nederland bekend. De graven zijn aangetroffen op zeven verschillende locaties: te Zoelen, nabij Swifterbant (vijf vindplaatsen) en te Urk.

Over het algemeen is het skeletmateriaal niet erg goed geconserveerd. Ondanks dat vertonen de menselijke skeletresten wel een aantal bijzondere kenmerken. Zo komen vrij veel losse beenderen voor. De aangetroffen graven zijn alle inhumatiegraven, met als speciaal kenmerk dat naast enkelgraven ook graven voorkomen met meerdere individuen. Een interessante vraag is of de Swifterbantcultuur wordt gekenmerkt door een uniform grafritueel. Om deze vraag te beantwoorden zullen de verschillende kenmerken van het begrafenisritueel van de Swifterbantcultuur hier de revue passeren.

Afb. 9.2 ⊳ De 'hoofdman van Swifterbant', vindplaats Swifterbant S2, graf IX (zie ook **afb. 8.1a**). Foto: Rijksuniversiteit Groningen, Groninger Instituut voor Archeologie.

De vindplaatsen

Van de vindplaatsen bij Hardinxveld zijn enkele graven en losse skeletdelen bekend, die uit een mesolithische periode dateren, direct voorafgaand aan de vroeg-Swifterbant-bewoning daar. Te Zoelen (Gelderland) is een meervoudig graf bekend dat met plantaardig materiaal was bedekt. Waarschijnlijk gaat het om bladeren of schors. Het graf bevatte twee inhumaties, een volwassen vrouw en een kind, die beiden op hun buik lagen. Boven op het plantaardige materiaal lagen de schedel en het opperarmbeen van een tweede volwassen vrouw. In de buurt van het graf zijn enkele losse schedelfragmenten van nog andere personen gevonden. De situering van het graf is geïsoleerd, dat wil zeggen dat er geen andere graven of een nederzetting in de omgeving zijn aangetroffen. Het graf van de volwassen vrouw en het kind is gedateerd in de middenfase van de Swifterbantcultuur.

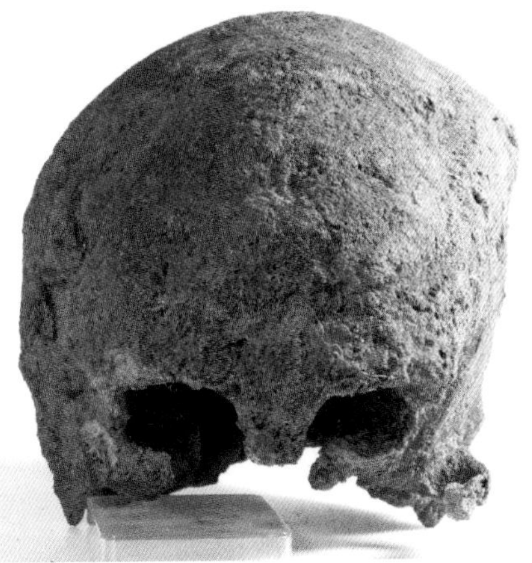

Afb. 9.3 ▸ Twee losse schedels van vindplaats Urk E4. Foto: Provinciaal Depot Bodemvondsten Flevoland.

De vindplaats Urk E4 is gesitueerd op een rivierduin. Het gaat om een duin met bewoningssporen uit de midden- en nieuwe steentijd. Op de vindplaats zijn acht graven met tien individuen blootgelegd. Het skeletmateriaal is slecht bewaard gebleven, wat het moeilijk maakt om vast te stellen of er sprake is van meerdere bijzettingen in één graf. Acht van de tien graven bevatten meer dan een bijzetting. Het is mogelijk dat deze bijzettingen niet gelijktijdig waren, met andere woorden dat bestaande graven zijn aangevuld met nieuwe bijzettingen. De andere twee vondsten betreffen losse schedels (**afb. 9.3**). Ook hier bestaat onduidelijkheid of het echt gaat om losse schedels of dat de schedels bij skeletten hoorden waarvan de rest bijvoorbeeld door erosie is verdwenen, of dat alleen de schedel uit het graf werd bewaard. De onderzoekers gaan ervan uit dat de schedels niet waren begraven, maar onderdeel vormden van een andersoortig ritueel. De graven dateren uit de late Swifterbantperiode. Het merendeel van het skeletmateriaal is afkomstig van opgravingen nabij Swifterbant. Het kan worden onderverdeeld naar de twee soorten woonlocaties van verschillende ouderdom: oeverwallen en rivierduinen. De oeverwallen waren bewoond in de fase van 4400 tot 4000 v. Chr. en raakten daarna overgroeid en overstroomd. De daar aanwezige graven kunnen daarmee in de periode midden-Swifterbant worden gedateerd.

De graven op de rivierduinen zijn lastiger te dateren. Jager-verzamelaars uit de middensteentijd (vanaf 6500 v. Chr.) kozen de rivierduinen regelmatig uit om er hun kampementen op te slaan. Deze hoge plekken zijn lange tijd bewoonbaar geweest. Tussen 3900 en 3400 v. Chr. echter

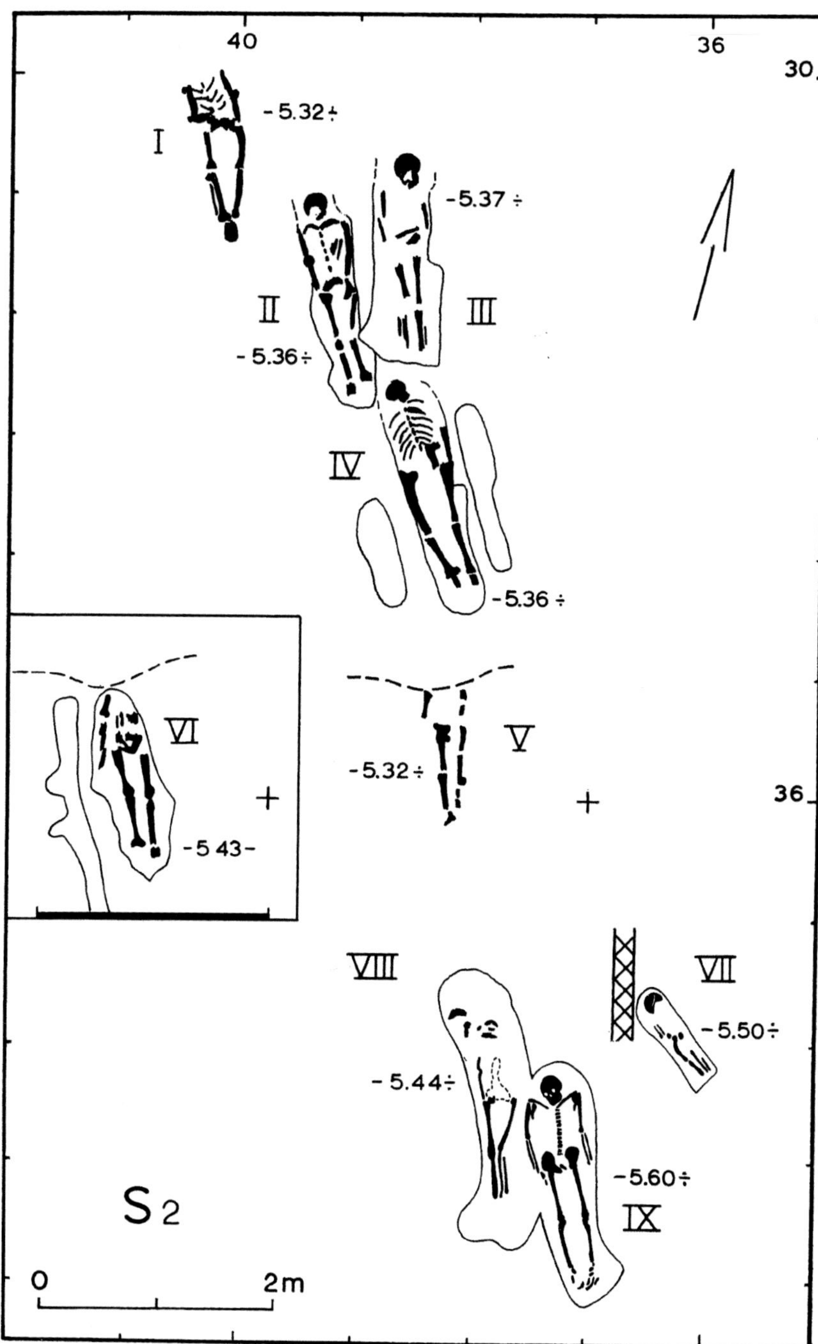

Afb. 9.4 ▷ Tekening van het grafveld van vindplaats Swifterbant S2; de graven V en VI lagen boven elkaar. Uit: Raemaekers *et al.* 2009, fig. 4, naar: Van der Waals 1977, fig. 7.

raakten ook zij overdekt met veen. Het is onwaarschijnlijk dat de graven op de rivierduinen bij de middensteentijdbewoning zouden behoren, aangezien botmateriaal in droge zandgrond niet bewaard blijft. Het is waarschijnlijker dat de graven op de rivierduinen uit de midden- of de laat-Swifterbantperiode dateren. Het rottingsproces heeft niet lang genoeg kunnen doorgaan tot alles was verdwenen, temeer doordat de zandgrond in de nieuwe steentijd door de stijgende grondwaterspiegel steeds natter werd. Dit betekent dat zij waren ingegraven in bewoningsplekken uit eerdere perioden. In de laat-Swifterbantperiode staken de duinen als eilandjes boven een sompig veenlandschap uit: een niet echt aantrekkelijke omgeving voor bewoning, maar we kunnen niet in de hoofden van toen kijken.

Vindplaats S2, op een oeverwal, herbergde negen begravingen (**afb. 9.4**), waaronder mogelijk een dubbelgraf van twee volwassenen, waarvan niet duidelijk is of ze gelijktijdig zijn begraven, graf V en VI. De graven liggen gewoon in de nederzetting te midden van het bewoningsafval. Behalve de graven zijn twee losse menselijke botten tussen het nederzettingsafval gevonden. Deze botten moeten op een andere wijze dan als begraving in het bodemarchief terecht zijn gekomen, bijvoorbeeld na verstoring van een graf. Op de oeverwalvindplaats S3 zijn geen bijzettingen gevonden, wel twee losse menselijke botten. Bij recent onderzoek op vindplaats S4 is een incompleet skelet met schedel te voorschijn gekomen. Het bleek te gaan om een kind van 7 tot 8 jaar oud (zie hoofdstuk 2). Daarnaast is een los skeletelement van een man van 20-40 jaar oud op deze vindplaats aangetroffen.

De vindplaatsen S21-24 liggen op een rivierduin. In totaal zijn daar de menselijke resten van elf individuen, elk in een grafkuil, opgegraven; van één individu is alleen de schedel aangetroffen. Twee bijzettingen zijn dubbelgraven, waaronder een met twee vuurstenen pijlpunten waarvan het niet duidelijk is of ze bij de skeletten horen of dat ze toevallig in de vulling van het graf terecht zijn gekomen. Onder het nederzettingsafval is een los schedelfragment aangetroffen. De vindplaats S11-S13 bevindt zich ook op een rivierduin. Op S11 zijn twee graven ontdekt.

Aspecten van het dodenbestel

Aan het grafritueel van de Swifterbanters kunnen verschillende aspecten worden onderscheiden, zoals de locatie van het graf ten opzichte van andere graven en van een eventuele nederzetting, de vorm van de grafkuil, de oriëntatie van de dode, de houding van de dode, de leeftijd en sekse van de dode, kindergraven, meerdere bijzettingen in één graf, eventuele bijgiften en ten slotte het voorkomen van losse skeletdelen.

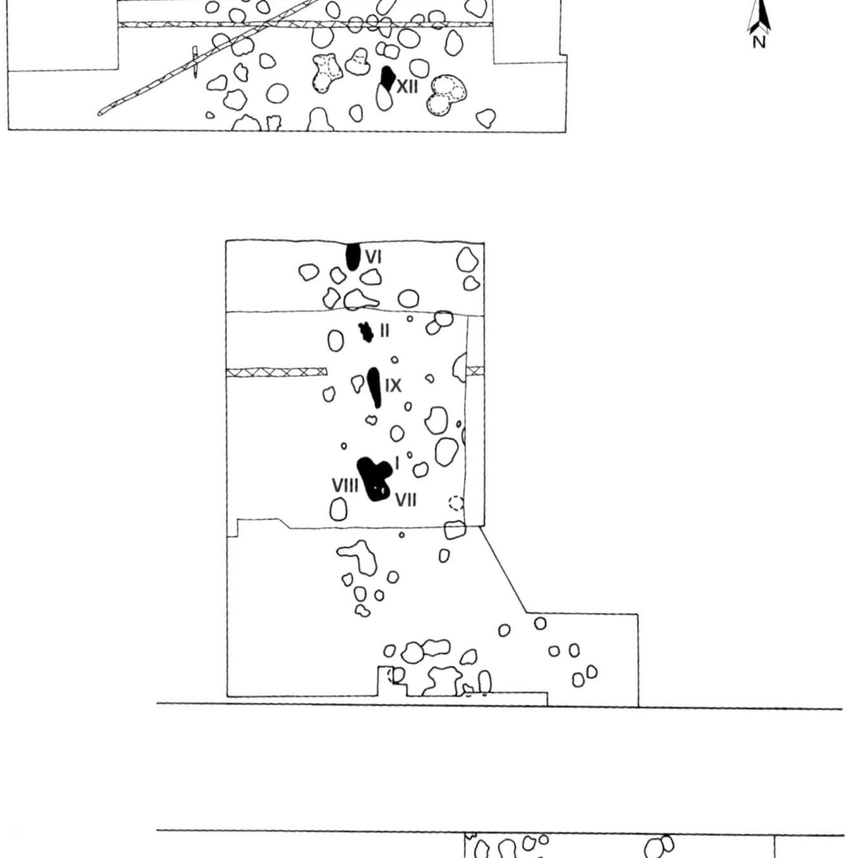

Afb. 9.5 ▸ Grafveld van vindplaats S22-23; de zwarte vlekken met Romeinse cijfers zijn de graven. Uit Raemaekers *et al.* 2009, fig. 3, naar: Price 1981, fig. 4 en De Roever 1976, fig. 2.

Locatie van het graf

De eerste vraag die we zullen beantwoorden is of er sprake is van geïsoleerde graven of van begraafplaatsen. Uit de vergelijking van de verschillende vindplaatsen komt duidelijk het beeld naar voren van begravingen in kleine groepen van drie tot tien personen. Dit betekent dat bepaalde locaties in het landschap werden geselecteerd, die voor meerdere generaties dienden als begraafplaats. De inhumaties van de verschillende begraafplaatsen vertonen geen overeenstemming in de oriëntatie van de dode. Binnen de meeste begraafplaatsen echter, is wel degelijk sprake van een voorkeursoriëntatie, zowel van de graven als van de daarin gelegen skeletten (**afb. 9.4 en 9.5**). De graven oriënteren zich naar het landschap; ze liggen parallel aan de lengterichting van het duin of de oeverwal met de hoofden dezelfde kant op. Hieruit blijkt dat aan het oppervlak zowel de oriëntatie van het skelet als van het graf met markeringen zichtbaar waren.

Hoe zit het met de locatie van de begraafplaatsen ten opzichte van de nederzettingen? Opvallend is dat alle begravingen ruimtelijk gerelateerd zijn aan nederzettingen, met uitzondering van de vindplaats nabij Zoelen. Dit zou tot de conclusie kunnen leiden dat bijzettingen binnen de nederzetting plaatsvonden. Het probleem hierbij is dat de gelijktijdigheid van de graven en de nederzettingen niet met zekerheid is vast te stellen. Sommige graven kunnen uit een eerdere fase dan de nederzetting afkomstig zijn, andere juist uit een latere. Het is ook mogelijk dat de mensen werden begraven waar ze woonden en stierven. Het enige dat vaststaat is dat zowel de nederzetting als de graven op hoger gelegen delen in het landschap liggen, dat wil zeggen op oeverwallen en rivierduinen.

De vorm van de grafkuilen en houding van de dode

In het algemeen waren de grafkuilen ovaal, een enkele keer komen rechthoekige kuilen voor, terwijl één schedel in een ronde kuil is bijgezet. De dominante houding van de dode is gestrekt liggend op de rug, met de blik naar boven gericht en de armen gestrekt langs het lichaam. Ook daarin vertonen de graven dus een sterke overeenkomst. De twee skeletten te Zoelen vormen een uitzondering: ze lagen op hun buik. De manier van begraven, liggend op de rug, is een voortzetting van de traditie uit de middensteentijd.

De leeftijd en sekse van de dode

Van de 23 individuen waarvan de sekse kon worden bepaald, waren negen (mogelijk) mannen en veertien (mogelijk) vrouwen. Deze aantallen geven aan dat sekse geen specifieke betekenis had in het begrafenisritueel, althans niet als het erom ging of een overledene zou worden begraven. Voor zover de leeftijd van volwassenen kon worden bepaald lijkt zich wel een verschil voor te doen. De meeste vrouwen in de graven bereikten een leeftijd boven de 30-35 jaar, bij de mannen was dat slechts 33-40%. Het lijkt erop dat mannen een beduidend lagere levensverwachting hadden dan vrouwen, tenzij andere factoren een rol spelen. Oudere mannen kunnen bijvoorbeeld

Afb. 9.6 ▸ Graf van de 'hoofdman', graf IX, en een kind, graf VII van **afb. 9.4**, vindplaats Swifterbant S2 (het skelet van graf VIII is hier al weggehaald). Foto: Rijksuniversiteit Groningen, Groninger Instituut voor Archeologie.

elders zijn begraven of een ander grafritueel hebben gekend. Op basis van deze kleine steekproef is het moeilijk al te harde conclusies te trekken.

Heel duidelijk is wel dat kinderen weinig in de graven voorkomen. Dit betekent dat de sterfte van kinderen slechts in enkele gevallen leidde tot een formele begraving (**afb. 9.6**). Van de vier kinderen die wel zijn begraven, gaat het in twee gevallen om graven waarin ook (delen van) volwassenen zijn bijgezet. Het betreft geen zuigelingen; het gaat dus niet om bij de bevalling overleden moeders en kinderen. Alleen te Zoelen is de gelijktijdigheid van de begravingen van een vrouw en een kind aangetoond. Dit zouden sterfgevallen door een besmettelijke ziekte kunnen zijn geweest.

De vraag die zich opdringt is: wat deden de Swifterbanters met de andere overleden kinderen? Mogelijk zijn overleden kinderen in eerste instantie bovengronds bewaard, maar wat er vervolgens met hun beenderen is gedaan is niet te achterhalen.

Meerdere bijzettingen in één graf

Een opvallend kenmerk van het grafritueel vormt het voorkomen van meerdere bijzettingen in hetzelfde graf. Onder de 37 graven zijn twaalf dubbele of driedubbele graven. Het is voor de meeste van deze graven niet vast te stellen of de begravingen gelijktijdig waren of dat het gaat om graven met latere bijzettingen. In het laatste geval zou dit onderstrepen, wat hierboven al is aangeduid, dat de graven aan het oppervlak gemarkeerd en zichtbaar waren in een of andere vorm.

Bijgiften

Slechts vijf van de 37 bijzettingen tellen grafgiften in de vorm van sieraden (zie hoofdstuk 8). Sieraden zijn aangetroffen in twee vrouwengraven, een mannengraf, het graf van een volwassene (sekse niet bepaald) en een kindergraf. Het gaat om een hanger van git en om barnstenen kralen. De positie op het lichaam van deze objecten geeft aan dat de hanger als oorbel, en de kralen als hoofdbanden, rond de nek en bij de knie werden gedragen, mogelijk op kleding die is vergaan. Eén dode (de 'hoofdman van Swifterbant') heeft naar verhouding zeer veel grafgiften meegekregen (zie **afb. 8.1**): vijf barnstenen kralen als band om het voorhoofd, een doorboorde kiezelsteen als oorbel en een doorboorde slagtand van een mannelijk wild zwijn (zie **afb. 8.3**) op de borstkas.

Over de duiding van de sieraden heeft Isabel Devriendt geschreven (hoofdstuk 8). Bijgiften in de vorm van aardewerk of werktuigen die in het leven in een hiernamaals een functie gehad zouden kunnen hebben, zijn in Swifterbant niet aangetroffen. Maar de slechte conservering van de graven betekent dat eventuele grafgiften van plantaardig materiaal kunnen zijn vergaan.

Het voorkomen van losse skeletdelen

Een veel voorkomend verschijnsel op Swifterbant-vindplaatsen is het voorkomen van los skeletmateriaal, vooral schedels (**afb. 9.3**). Het gaat daarbij duidelijk niet om graven die door een of andere oorzaak zijn verstoord. Klaarblijkelijk speelden losse schedels een rol in het grafritueel. Iets anders dat opvalt is het (schijnbaar) grote aantal botten van kinderen onder het losse materiaal. Het gaat hier om een vertekening, omdat het vooral melkgebitselementen zijn, die dus niet per se wijzen op overleden kinderen.

Verschillende scenario's kunnen worden geschetst om het voorkomen van losse skeletelementen te verklaren. Zoals hierboven al is genoemd, kan het zijn dat de dode tijdelijk bovengronds werd bewaard om te ontvlezen. Een andere mogelijkheid is dat begraven skeletten, als het vlees eenmaal was vergaan, weer werden opgegraven. Vervolgens konden de botten over een veld, een knekelveld, worden verspreid of anderszins binnen de samenleving een plaats krijgen. Ook is het mogelijk dat delen van skeletten secundair werden bijgezet in een bestaand graf van bijvoorbeeld een familielid. Het waren dan mogelijk vooral de schedels van voorouders, die op deze manier in de samenleving circuleerden.

Conclusie

Een aantal aspecten van het grafritueel van de Swifterbantmensen lijkt op de verschillende vindplaatsen een terugkerend patroon te vormen. Het eerste dat opvalt is dat kinderen, op een enkele uitzondering na, niet werden begraven, tenzij ze gelijktijdig met een volwassene waren overleden. Vermoed wordt dat voor kinderen een ander ritueel bestond. Of zegt het iets over de status van kinderen? Of waren ze niet of nauwelijks aanwezig op de oeverwallen en rivierduinen? Of was er daar weinig kindersterfte?

Een opmerkelijk aspect is ook de jonge leeftijd van de mannelijk overledenen. Ook hier zijn weer verschillende verklaringen mogelijk. Werden oudere mannen elders begraven of waren ze niet aanwezig op de oeverwallen en rivierduinen? Of hadden mannen inderdaad een kortere levensverwachting?

Typisch voor de Swifterbantcultuur is eveneens het voorkomen van meerdere bijzettingen in een graf en meerdere graven in ruimtelijk verband zodat je van begraafplaatsen kunt spreken. Waarschijnlijk waren de graven bovengronds zichtbaar gemaakt.

Ten slotte zijn de losse skeletdelen, waaronder voornamelijk schedels, typerend. Ze maakten blijkbaar onderdeel uit van een ons niet bekend ritueel rond menselijke overblijfselen.

Literatuur

Constandse-Westermann, T.S. & C. Meiklejohn, 1979. The human remains from Swifterbant. *Helinium* 19, 237-266.

Molthof, H. & D. Raemaekers, 2004. Wat te doen met onze doden? Het grafritueel van de Swifterbantcultuur in Nederland. *Paleo-Aktueel* 16, 37-43.

Price, T.D., 1981. Swifterbant, Oostelijk Flevoland, Netherlands: Excavations at the river dune sites, S21-S24, 1976. *Palaeohistoria* 23, 75-104.

Raemaekers, D.C.M., H.M. Molthof & E. Smits, 2009. The textbook 'dealing with death' from the Neolithic Swifterbant culture (5000-3400 BC), the Netherlands. *Berichte Römisch-Germanische Kommission* 88, 479-500.

Roever, J.P. de, 1976. Excavations at the river dune sites S21-S22. *Helinium* 16, 209-221.

Smits, E. & L.P. Louwe Kooijmans, 2001a. De menselijke skeletresten. In: L.P. Louwe Kooijmans (red.), *Hardinxveld-Giessendam Polderweg. Een mesolithisch jachtkamp in het rivierengebied (5500-5000 v. Chr.)* (Rapportage Archeologische Monumentenzorg 83). Amersfoort, 419-433.

Smits, E. & L.P. Louwe Kooijmans, 2001b. De menselijke skeletresten. In: L.P. Louwe Kooijmans (red.). *Hardinxveld-Giessendam De Bruin. Een kampplaats uit het Laat-Mesolithicum en het begin van de Swifterbant-cultuur (5500-4450 v. Chr.)* (Rapportage Archeologische Monumentenzorg 88). Amersfoort, 497-491.

Waals, J.D. van der 1977. Excavations at the natural levee sites S2, S3/5 and S4. *Helinium* 17, 3-27.

10 “Een zonnige zomerdag in Swifterbant”

Een verhaal over stenen werktuigen

Izabel Devriendt

Ze doet haar ogen open en vraagt zich af wat haar gewekt heeft. Een vogel krijst op een tak dichtbij. Ze draait zich om maar kan de slaap niet meer vatten. “Nu ik toch wakker ben, kan ik even goed opstaan.”

Zo begint een mooie zomerochtend in 4137 voor Christus. Het kamp ligt er nog vredig bij in het vroege ochtendlicht. “Het is nog best fris maar het belooft zeker een mooie, warme dag te worden”, zegt ze bij zichzelf als ze naar de kreek loopt. Aan het water wast ze de slaap uit haar ogen. “Een frisse duik zou me goed doen. Ik zal het nu maar doen voordat iedereen wakker is en me aan mijn kop komt zeuren.” Ze doet haar kleren uit en stapt in het water. “Toch nog koud” denkt ze als ze begint te zwemmen. Al snel krijgt ze het warm en besluit nog een beetje verder te zwemmen voor ze aan haar dag begint. Even later stapt ze op de oever en wringt het water uit haar haren.

Als ze zich aangekleed heeft, ziet ze de kleine jongen staan. Hij wrijft met zijn kleine handjes in zijn oogjes en geeuwt ongeremd. “Jij hebt zeker honger” zegt ze als ze bij hem is. Het jongetje knikt. “Ik zal wat te eten maken. Je mama zal zo wel wakker zijn nu jij hier rondloopt.” Ze zet zich aan het werk. “Ga jij maar water halen” en ze geeft een houten kom aan de jongen. Een beetje strompelend gaat hij naar de kreek. Veel zin heeft hij niet. Hij had gehoopt dat zijn broer al wakker zou zijn en dat ze samen naar dat dode beest konden gaan kijken dat ze gisteren in het bosje achter de kleine kreek gevonden hadden.

Ondertussen is er in het kamp al een klein vuurtje aan het branden. De jonge vrouw steekt de vuurmaker en het stukje pyriet, samen met de overgebleven tondel weer terug in het zakje. “Die nieuwe vuurmaker doet het blijkbaar goed” zegt een mannenstem.

In de prehistorie bestonden er verschillende manieren om vuur te maken. Een stokje op een houten plankje ronddraaien zodat door de wrijving het stokje gaat smeulen, is misschien wel de bekendste manier. Een tweede manier is met een vuurstenen werktuig tegen een klompje pyriet slaan zodat er een vonk afspringt die lang genoeg brandt om een licht ontvlambaar materiaal, zoals tondel of pluisjes riet, in brand

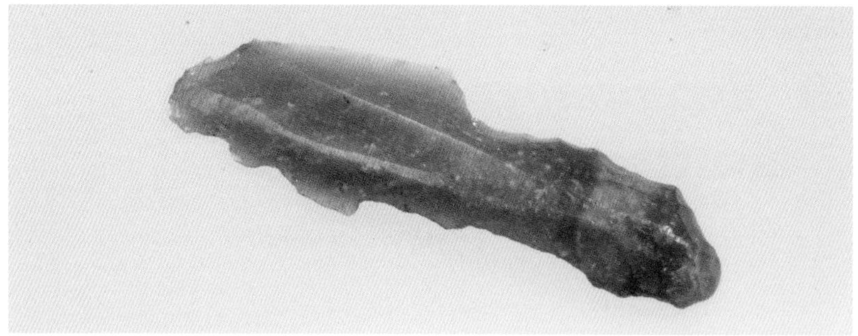

Afb. 10.1 ▸ Afgerond vuurstenen artefact, mogelijk gebruikt als vuurmaker, vindplaats Swifterbant S3. Foto: Provinciaal Depot Bodemvondsten Flevoland.

te steken. Daarop wat kleine twijgjes leggen en je vuurtje brandt. Het stuk pyriet dat op de Swifterbantvindplaats gevonden is, kan bewijzen dat deze techniek daar werd toegepast. Vuurmakers zijn vaak spits toelopende vuurstenen werktuigen met een afgeronde punt. De afgeronde stukken, gevonden op verschillende vindplaatsen, kunnen zulke vuurmakers zijn. Uitsluitend microscopisch onderzoek van deze vuurstenen artefacten kan dit met zekerheid bevestigen (**afb. 10.1**).

De jonge vrouw kijkt haar man aan en lacht. "Goedemorgen. Neem maar eerst even een frisse duik want je hebt een zware dag voor de boeg. Ik zorg ondertussen wel voor het eten." De kleine jongen had de houten kom met water al teruggebracht en was op zoek gegaan naar zijn broer. De vrouw pakt een aardewerken pot en zet deze, gevuld met een beetje water, op het vuur. Ze zet zich ijverig aan het werk om kruidenthee en een stevige brij te maken. De geroosterde bever van gisteren komt nu goed van pas. Als ze in de pot roert om de brij te controleren, ziet de vrouw een beginnende barst boven aan de rand. Ze zucht. "Deze pot kan ik straks maar beter herstellen voordat hij helemaal verder barst."

Na het ontbijt vertrekken enkele mannen en een jong meisje met de kano stroomopwaarts. Het meisje is uitgelaten dat ze mee mag; het is haar eerste keer. De groep zal pas de volgende dag weer terugkeren. Op een halve dagreis zullen ze stenen verzamelen die ze tijdens hun dagelijkse taken nodig hebben.

In de bodem nabij Swifterbant komen van nature geen stenen voor. Vuursteen en natuursteen zoals graniet, porfier of zandsteen werden mogelijk bij Urk of Schokland uit de keileemlagen gehaald om als werktuigen op de vindplaatsen te dienen. Stenen die goed in de hand lagen werden meegenomen. Ook grotere stenen tot wel 5 kg werden naar de vindplaats vervoerd. Via het krekensysteem, dat zo kenmerkend is voor de regio rond Swifterbant, waren de herkomstgebieden van deze grondstoffen, na een lange tocht met de kano bereikbaar.

Na het eten zet de vrouw zich aan het werk met de aardewerken pot. Met een vuurstenen boortje maakt ze aan iedere kant van de barst een gaatje. Daar steekt ze een pees door en knoopt beide eindjes stevig aan elkaar. "Dat houdt wel weer voor een tijdje," denkt ze bij zichzelf.

Enkele van deze zogenaamde reparatiegaten zijn gevonden in aardewerkscherven van Swifterbant. De vuurstenen boortjes zijn goede werktuigen om dit soort werk mee uit te voeren. Vermoedelijk werden ook natuurstenen hangers, bot en hout met deze boortjes bewerkt.

De jonge vrouw kijkt op als een oudere vrouw haar nadert. De oudste vrouw spreidt een dierenhuid op de grond uit en legt daarop een grote, platte steen. Even later komt ze terug met een kleinere steen in de hand en een mand met gedroogd graan onder de andere arm. Ze gaat zitten en beide vrouwen babbelen gezellig als ze hun dagelijkse taken uitvoeren. De vrouw pakt wat graan, legt dit op de platte steen en wrijft het met de kleine steen fijn.

Verschillende wrijf- of maalstenen zijn op de vindplaatsen te Swifterbant opgegraven. Een loper en een ligger zijn in 2005 als koppel naast elkaar gevonden op de vindplaats S4. Bij gebruik ligt de grotere steen, de ligger, onderaan en wordt met de kleinere steen, de loper, gewreven. Men kan graan malen maar ook wortels pletten en stengels fijn stampen met deze natuurstenen werktuigen. Op een wrijfsteen kan ook de snede van een bijl aangescherpt of gepolijst worden **(afb. 10.2)**.

Afb. 10.2 ▸ Wrijf- of maalsteenkoppel bestaande uit een loper en een ligger, bij elkaar gevonden op vindplaats Swifterbant S4. Foto: Provinciaal Depot Bodemvondsten Flevoland.

De jongere vrouw heeft, nadat ze de aardewerken pot heeft weggezet, de beverhuid van gisteren erbij gehaald. Ze is van plan deze schoon te schrapen met een vuurstenen schrabber. De twee jongetjes zijn ondertussen, onder het toeziend oog van een oudere man, aan het spelen aan de rand van de kreek. Ze proberen met een houten speer vissen te vangen. De man heeft gisteren enkele jonge, rechte takken uit het bosje achter de kleine kreek gehaald en wil er nu pijlschachten van maken.

Pijlschachtpolijsters zijn vaak zandstenen werktuigen met één of meerdere groeven. Hiermee wordt de schacht van een pijl rechter gemaakt en tegelijkertijd gepolijst. Op Swifterbantvindplaatsen zijn tot op heden zulke werktuigen niet gevonden.

Wat later komt een van de twee jongetjes naar de vrouwen gerend met een vis in de handen. Trots laat hij zijn buit zien en loopt dan weer snel naar de kreek. Nog wat later komt hij met een tweede vis aanzetten. Algauw hebben de jongens enkele vissen bij elkaar. “Als jij de vissen schoonmaakt, zal ik het graan wel verder malen. Je hebt een pauze verdiend na zoveel werk”, zegt de jongste vrouw tegen de andere. De oudste vrouw lacht dankbaar, pakt een vuurstenen mes en wandelt naar de kreek. Ze is blij met de verfrissing die de kreek biedt. “Het wordt al aardig warm, nu de zon al zo hoog staat”, zegt ze tegen de oudere man. Ze praten een beetje over wat ze die dag nog willen doen. Daarna begeeft de vrouw zich weer richting kamp, ze wil de visfuik nog vlechten voor de zon op haar hoogste punt staat. De pijlschachten van de man zijn klaar. Hij besluit nog enkele vuurstenen pijlpunten te maken voor het te warm wordt. Hij roept de jongens bij zich zodat ze van hem kunnen leren. Met een klopsteen, een geweihamer, een aambeeld en een leren lap om zijn been te beschermen, gaat hij op een rustige plek zitten. De jongens zijn wat vuursteen in het kamp gaan halen en gaan bij hem zitten.

Een natuurstenen klopsteen en een hamer uit edelhertgewei zijn typische instrumenten om vuursteen mee te bewerken. De vuursteenknol wordt vrij in de hand gehouden of op de dij gelegd en met de klopsteen of geweihamer bewerkt zodat er stukken worden afgeslagen. Deze afslagen worden in een later stadium tot werktuigen omgewerkt. Soms wordt de vuursteenknol ook op een aambeeld geplaatst en van boven uit bewerkt. Beide technieken werden in Swifterbant toegepast. Aambeelden en klopstenen zijn geschikt om er vuursteen mee te bewerken. Ook kun je er noten en beenderen mee kraken en andere materialen bekloppen of pletten **(afb. 10.3)**.

Afb. 10.3 ▸ Klopstenen uit kwartsitische zandsteen, elk van twee kanten, vindplaats Swifterbant S3. Foto's: Provinciaal Depot Bodemvondsten Flevoland.

Na het middagmaal gaat de oudste vrouw voedsel verzamelen met de beide jongens. Haar jongste zoon vindt het altijd leuk als ze het vee op de weide even dag gaan zeggen. De jongste vrouw blijft in het kamp om manden te vlechten. "Het zou leuk zijn als ik dat grijsgroene riet hierin zou kunnen verwerken; dat moet nu al in bloei staan." Ze pakt haar vuurstenen mes en loopt in de richting van de kleine kreek. Als ze aan de rand van het kamp is, blijft ze met haar voet achter een uitstekende wortel hangen; ze struikelt, maar valt net niet. Gelukkig heeft ze haar voet niet bezeerd. Na het snijden van het riet, wandelt ze weer rustig naar het kamp. "Oh nee," jammert ze, "mijn halssnoer." Onbewust was ze met haar hand naar haar hals gegaan om de middelste kraal van haar halssnoer tussen haar vingers te wrijven. Een trekje dat ze heeft als ze diep in gedachten verzonken is. Snel rent ze naar de rand van het kamp. "Het was hier toch ergens," mompelt ze. Ze zoekt en ze zoekt tussen het kniehoge gras maar kan slechts één kraal terugvinden. Na lang zoeken besluit ze dat het geen zin meer heeft. "In dit gras vind ik toch niets terug. En als ik niet snel aan die manden begin, dan krijg ik ze vandaag niet meer af." Wat terneergeslagen gaat ze toch maar aan het werk.

De oudere man heeft zo'n zin in zijn werk die middag, dat hij besluit nog wat steengruis te maken. Dat moet door de klei waar ze de potten van gaan bakken, anders barsten die.

Afb. 10.4 ⊳ Aambeelden uit kwartsitische zandsteen, vindplaats Swifterbant S3. Tekening uit: Devriendt 2014, plate 12.

Kleine stukjes kwarts werden gebruikt om de klei voor de aardewerken potten te verschralen. Hiervoor werd, naast plantaardig materiaal, ook graniet gebruikt dat op de vindplaats voorradig was. Het kunnen brokken zijn van oude werktuigen of stukken van stenen die speciaal voor dat doel naar de vindplaats zijn gebracht. Met klopsteen en aambeeld werden de brokken tot gruis geslagen. Diepe littekens op de aambeelden kunnen hierop wijzen. Ook ander, zwaar gebruik kan de aambeelden beschadigd hebben **(afb. 10.4)**.

Tijdens het avondeten is de jonge vrouw nog steeds wat sip. Ze zit wat met haar eten te spelen. De oudste vrouw begrijpt haar maar al te goed. Ook zij is ooit een van haar lievelingshangers kwijtgeraakt. Ze zegt "Waarom vertel ik geen leuk verhaal over de grijze beer en de bruine wolf." De jonge vrouw glimlacht; dit is haar favoriete verhaal. De kinderen nestelen zich dichtbij hun moeder en luisteren aandachtig. De man besluit om tijdens het verhaal die bijl af te werken waar hij enkele dagen geleden aan begonnen was. De bijl, die zijn achterneef hem zoveel zomers geleden gaf, komt uit het diepe zuiden. Daar wonen mensen die zich helemaal anders kleden en andere werktuigen hebben dan zij. Hij had zich voorgenomen ook zo'n bijl te maken. Alleen wist hij niet op welke wijze. Hij had een gat geboord, op de manier die hij kende, in een steen met een geschikte vorm. Nu moest hij enkel de snede nog polijsten.

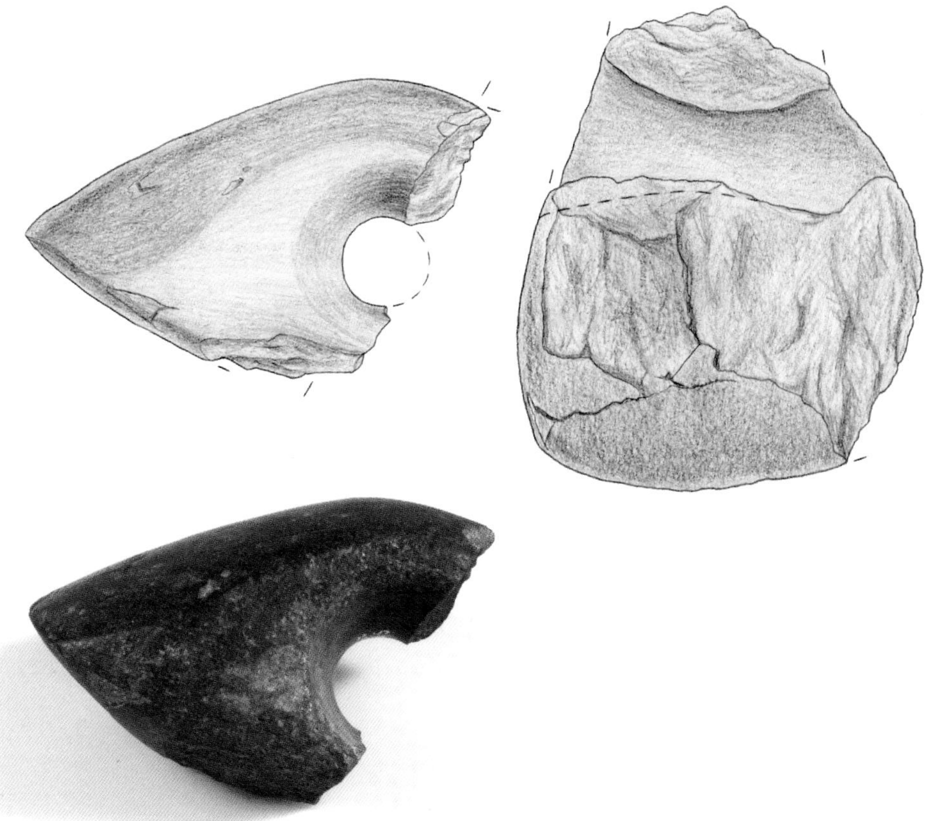

Afb. 10.5 ▸ Bijl met zandlopervormige doorboring en schuin georiënteerde snede, vindplaats Swifterbant S3. De tekening rechts is het aanzicht op het breukvak. Foto: Provinciaal Depot Bodemvondsten Flevoland. Tekening uit: Devriendt 2014, fig. 48.

Op Swifterbant zijn een aantal fragmenten van de zogenaamde breedwiggen gevonden. Deze bijlen zijn typisch voor de Rössencultuur in Duitsland en het uiterste zuiden van Nederland. Ze zijn vaak vervaardigd uit Duitse of Poolse gesteenten zoals amfiboliet en ze vertonen een kenmerkende rechte doorboring. Merkwaardig zijn de twee bijlen met een zandlopervormige doorboring gevonden op vindplaats S3. Beide zijn vervaardigd uit lokale gesteenten vermoedelijk afkomstig uit de keileem. Het is zeer waarschijnlijk dat het hier om lokale kopieën gaat, die door de Swifterbantmensen zijn vervaardigd (**afb. 10.5**).

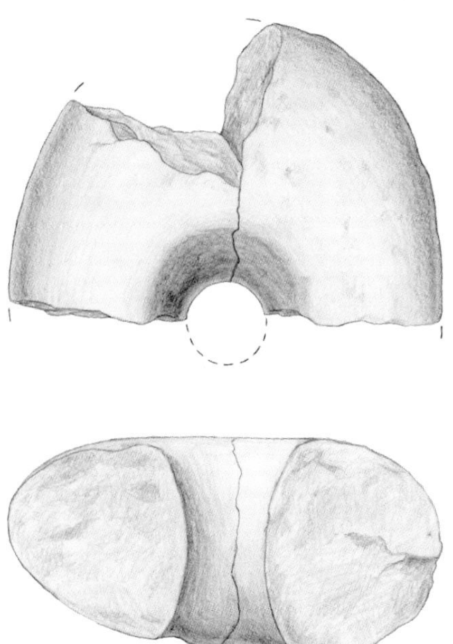

Afb. 10.6 ▸ Doorboorde rolsteenhamer (*Geröllkeule*) bestaande uit twee aan elkaar passende fragmenten, elk apart gevonden op vindplaats Swifterbant S22.
Foto: Provinciaal Depot Bodemvondsten Flevoland. Tekening uit: Devriendt 2014, fig. 4.11.

Na het verhaal hebben de kinderen veel slaap en kruipen al snel in hun bed. Bij het smeulende vuur praten de twee vrouwen en de man nog wat na over de dag die ze hadden en de groep die morgen zal terugkomen. Op een tak dichtbij, schreeuwt een uil.

Dit fictieve verhaal is gebaseerd op archeologische vondsten opgegraven op de vindplaatsen bij Swifterbant en aangevuld met informatie van soortgelijke vindplaatsen. Het geeft een beeld van het leven in de prehistorie (**afb. 10.7**). Uiteraard zijn in dit verhaal niet alle werktuigtypen, die door de prehistorische mensen van Swifterbant gebruikt werden, aan bod gekomen. Het is overigens alleen een glimp van een bewoningsfase tussen 4300 en 4000 voor Christus. Het gebied bij Swifterbant is ook in oudere periodes bewoond geweest, waarin eveneens stenen werktuigen werden gebruikt zoals bijvoorbeeld die van **afb. 10.6**.

Afb. 10.7 ▹ Reconstructie van een nederzetting of jachtkamp uit de middensteentijd of de periode van de Swifterbantcultuur. Uit: Smit 2010, fig. 6.1.

Literatuur

Smit, B.I., 2010. *Valuable flints : research strategies for the study of early prehistoric remains from the pleistocene soils of the Northern Netherlands* (Groningen Archaeological Studies 11). Proefschrift Rijksuniversiteit Groningen. Barkhuis & Groningen University Library.

Devriendt, I., 2014. Swifterbant Stones. *The Neolithic Stone and Flint Industry at Swifterbant (the Netherlands): from stone typology and flint technology to site function* (Groningen Archaeological Studies 25). Proefschrift Rijksuniversiteit Groningen. Barkhuis & Groningen University Library.

Beknopte informatie over de auteurs

I.I.J.A.L.M. Devriendt verrichtte aan de Rijksuniversiteit Groningen promotieonderzoek aan de vuursteen- en steenvondsten van Swifterbant. Zij promoveerde hierop in 2013 aan de Rijksuniversiteit Groningen. Nu werkt zij als zelfstandig vuursteen- en natuursteen-specialist bij Archeo Lithics.

A.F.L. van Holk is hoogleraar maritieme archeologie aan de Rijksuniversiteit Groningen en coördinator Steunpunt Archeologie en jonge Monumenten Flevoland bij Nieuw Land Erfgoedcentrum, Lelystad. In die functie heeft hij de expositie Oer! vormgegeven.

W. Prummel was tot 2012 als archeozoöloog verbonden aan de Rijksuniversiteit Groningen. Zij is nog steeds actief op het gebied van de archeozoölogie, onder meer van de Swifterbantcultuur.

D.C.M. Raemaekers is hoogleraar prehistorie aan de Rijksuniversiteit Groningen en heeft opgravingen van de Swifterbantcultuur in Flevoland verricht en doet onderzoek aan deze cultuur.

J.P. de Roever was in de jaren 1970-1980 betrokken bij de opgravingen bij Swifterbant en is in 2004 gepromoveerd aan de Rijksuniversiteit Groningen op het aardewerk van de Swifterbantcultuur.

M. Schepers is als archeobotanicus verbonden aan de Rijksuniversiteit Groningen. Het Swifterbantonderzoek was een onderdeel van zijn promotieonderzoek, waarop hij in 2014 aan deze universiteit promoveerde.